ᵉF
1369

FACULTÉ DE DROIT DE DIJON

DES JUSTES NOCES

EN DROIT ROMAIN

DU MARIAGE PUTATIF ET DE SES EFFETS

EN DROIT FRANÇAIS

THÈSE
POUR LE DOCTORAT

SOUTENUE LE 31 JANVIER 1880

PAR

G. COUCHENÉ

Avocat au Barreau de Troyes (Aube)

— ❧ —

CHATILLON-SUR-SEINE
IMPRIMERIE GÉNÉRALE
3, RUE DES CORDELIERS, 3
—
1880

FACULTÉ DE DROIT DE DIJON

DES JUSTES NOCES
EN DROIT ROMAIN
DU MARIAGE PUTATIF ET DE SES EFFETS
EN DROIT FRANÇAIS

THÈSE
POUR LE DOCTORAT

SOUTENUE LE 31 JANVIER 1880

PAR

G. COUCHÈNE
Avocat au Barreau de Troyes (Aube)

SOUS LA PRÉSIDENCE DE M. VILLEQUEZ
Professeur, remplissant par délégation les fonctions de Doyen.

SUFFRAGANTS :
GUENÉE,	
RENARDET,	Professeurs.
MOUCHET,	
BEAUCHET,	Agrégés.
DESSERTEAUX,	

CHATILLON-SUR-SEINE
IMPRIMERIE GÉNÉRALE
5, RUE DES CORDELIERS, 5

1880

DROIT ROMAIN

R.F.

INTRODUCTION

Pour bien connaître l'organisation de la famille romaine, il faut remonter à sa source, dégager l'élément qui la crée, les événements qui la développent, la modifient ou la détruisent. La base fondamentale de la famille, c'est le mariage. En conséquence, savoir comment le mariage se forme, c'est savoir en même temps comment la famille s'établit ; étudier les effets qu'il produit, c'est déterminer par cela même la condition dans la famille des différents membres qui la composent ; enfin, assister à sa dissolution, c'est assister aussi à la dispersion de la famille. — Nous nous proposons donc de rechercher avec soin et d'exposer avec méthode les règles de droit auxquelles les Romains avaient soumis l'union conjugale. Loin de nous la prétention de faire un travail nouveau. Notre but sera rempli, si nous pouvons arriver à n'être point trop au-dessous de la tâche que

1

nous nous sommes imposée, et à mériter l'indulgence des maîtres qui nous liront.

Afin de mettre plus d'ordre dans les matières nombreuses qu'embrasse notre sujet, nous les avons divisées en quatre chapitres.

Le *premier* contiendra un aperçu historique sur les institutions matrimoniales chez les anciens Romains; la définition des noces, ainsi que quelques observations générales sur les unions irrégulières.

Dans le *second*, nous parlerons des fiançailles et des conditions exigées pour la validité des noces.

Le *troisième* aura trait aux effets des justes noces tant à l'égard des enfants qu'à l'égard des époux, mais quant *à la personne* seulement.

Et le *quatrième* sera consacré aux nullités de mariage et à la dissolution des justes noces.

DES JUSTES NOCES

CHAPITRE Ier

I. Le mariage sacré chez les anciens Romains. — II. Le mariage plébéien; loi *Canuléia*. — III. Les noces; définition; le *justum matrimonium*. — IV. Les unions irrégulières à Rome; de la décadence du mariage légitime; le concubinat; le mariage du droit des gens; le *contubernium*.

I. — Le mariage chez les anciens Romains était entouré de cérémonies symboliques et essentiellement religieuses. Il était moins, alors, un fait de cohabitation et de puissance maritale qu'un changement de culte. La femme, par l'effet de son union, cessait d'honorer les dieux de la maison paternelle pour adorer ceux du foyer conjugal. Ainsi s'expliquent les solennités qui accompagnaient le mariage : la *traditio*, la *deductio in domum*, la *confarreatio*.

La *traditio* par laquelle le père de famille, en vertu de son autorité, consentait à détacher son enfant de son culte et de son foyer.

La *deductio* par laquelle la jeune fille, vêtue de blanc et voilée, était conduite par ses compagnes à la porte de la maison de son époux où le feu, emblème du foyer

1

domestique, et l'eau lustrale lui étaient présentés [1].

La *confarreatio* ou sacrifice qui avait lieu dans un temple, en présence des futurs époux et de dix témoins et pendant lequel on émiettait sur la victime un gâteau de froment, voulant indiquer par là que le pain, symbole de tous les autres biens, serait commun, dans la suite, entre le mari et la femme [2].

II. — Ce mariage n'est pas à la vérité celui qui existait à l'époque classique du droit ; mais c'est évidemment le plus ancien, le seul qui dut produire à l'origine les effets qui découlèrent plus tard, pour tout le monde, des justes noces. Il était en usage chez les patriciens et pratiqué par eux seuls. Quant aux plébéiens, leur mariage s'accomplissait soit par mutuel consentement (*mutuo consensu*), soit par la *mancipatio per æs et libram*, sorte de vente en vertu de laquelle le père de famille, considéré comme propriétaire de sa fille, transmettait à son gendre ce même droit de propriété dont il consentait à se dépouiller.

Mais cet état de choses se modifia à la suite des révolutions successives que Rome vit éclater durant la

1. Loi 66, § 1, D, *de don. inter vir. et uxor.* — Nous aurons à revenir plus loin sur cette *deductio in domum*, et nous verrons qu'elle n'était pas seulement une simple formalité, mais bien un des éléments constitutifs du mariage.

2. M. Fustel de Coulanges dans sa remarquable étude sur la *Cité antique* donne, sur l'emploi de ce gâteau de froment, une autre explication. « Les deux époux, dit-il, comme en Grèce, font un sacrifice (en présence et sous les yeux des divinités domestiques), versent des libations et mangent ensemble un gâteau de fleur de farine. » (*Cité Antique*, p. 57.)

seconde période de son histoire. A cette époque, les plébéiens avaient acquis dans l'Etat, en raison de leur nombre et de leurs richesses, une importance telle qu'il devenait nécessaire de compter avec eux. Maintes fois déjà ils s'étaient insurgés contre la domination patricienne et avaient essayé de secouer le joug qui les écrasait ; chaque fois ils y avaient gagné quelque chose, une liberté nouvelle leur était octroyée, ou un droit nouveau abandonné. En l'an 309 ils remportèrent une victoire éclatante. Le tribun *Canuléius* proposa une loi tendant à abroger formellement la disposition des douze tables qui interdisait le mariage entre les patriciens et les plé-béiens [1]. Malgré la résistance qu'elle rencontra cette loi fut votée, et l'on vit, peu de temps après, de riches plébéiens, et, pour ne citer qu'une famille, celle des Licinius, s'allier à trois *gentes* patriciennes, aux Fabius, aux Cornelius, aux Manlius [2]. M. Vico a soutenu que la loi Canuléia n'avait pas un effet aussi étendu qu'on le prétendait. Suivant lui, elle se serait bornée à permettre aux plébéiens de se marier selon le rite patricien, c'est-à-dire à con-tracter un mariage religieux. Mais outre que cette in-terprétation est purement hypothétique, il n'est pas à supposer que cette loi eût soulevé de bien vives pro-testations de la part des patriciens si elle n'eût eu trait qu'à une réglementation de formes et de cérémonies. Fort d'ailleurs du témoignage de Tite-Live, nous n'hési-tons pas à croire que la loi Canuléia fut le renversement

1. « Ne connubium patribus cum plebe esset decemviri tule-runt. » (Table XI.) Tite-Live, I, 4.

2. Tite-Live, V, 12; VI, 34, VI, 39.

de la barrière légale qui s'opposait à ce qu'un plébéien pût entrer légitimement, par l'effet du mariage, dans la famille d'un patricien. Toutefois il est bon d'observer que la condition des époux n'en fut pas changée et que le plébéien qui s'unit à une patricienne n'en resta pas moins plébéien, en un mot le mariage entre les deux ordres ne créa point l'*individua vitæ consuetudo*[1].

III. — Ceci dit sur les origines du mariage romain et sur ses caractères généraux, nous arrivons à la définition des *noces* telle qu'elle nous est donnée par Justinien et par les jurisconsultes classiques.

« Nuptiæ, sive matrimonium, est viri et mulieris conjunctio, individuam vitæ consuetudinem continens[2]. » Les noces, ou mariage, sont l'union de l'homme et de la femme établissant entre eux une communauté indivisible d'existence. Modestin s'exprime à peu près dans les mêmes termes : « Nuptiæ sunt conjunctio maris et feminæ et consortium omnis vitæ divini et humani juris communicatio[3]. »

L'*individua vitæ consuetudo*, c'est l'existence commune sur le pied de l'égalité la plus parfaite. La femme romaine, en se mariant, prenait la condition de son mari. Il pouvait arriver ainsi qu'elle s'élevât ou qu'elle

1. C'était une exception bien remarquable à la règle posée aux *Institutes* de Justinien, liv. I, tit. IX, § 1.
2. Just. *Inst.* liv. I, Tit. IX, § 1. Malgré l'évidence de ce texte, on a prétendu que le mot *matrimonium* signifiait seul *mariage* : le mot *Nuptiæ* n'aurait été employé que pour désigner les solennités qui accompagnaient le mariage
3. Loi 1, D. *de Rit. nupt.*, XXIII, 2.

s'abaissât suivant la position sociale de celui-ci [1]. En tous cas, quelle que fut cette position, elle la partageait. Si son mari était *consularis*, elle devenait elle-même *consularis* ; que si, au contraire, il appartenait à la basse classe de la cité, elle descendait à son niveau. Cet effet du mariage découle de l'intention et de l'affection présumées des parties. Dans le très-ancien droit, les cérémonies religieuses qui accompagnaient les noces indiquaient suffisamment cette intention. Le mari, en initiant sa femme au culte du foyer, montrait par là même qu'il entendait la faire entrer dans sa famille, dans sa religion domestique, en un mot, l'associer à son nom, à son rite, à ses honneurs. C'est cette association qui sert à expliquer le sens de ces mots *divini atque humani juris communicatio* employés par Modestin dans la définition qui précède. Mais, quand ces vieilles pratiques furent tombées dans l'oubli, quand on en arriva à s'unir légitimement et illégitimement sans autre formalité qu'un consentement mutuel, la volonté des contractants devint plus délicate à saisir. On l'induisait de certaines circonstances, par exemple, de la façon dont la femme était traitée par le mari, et surtout des qualités personnelles de celle-ci, de son rang, de sa moralité.

La définition que nous avons reproduite des noces est une définition générale. Pour que ces noces soient dites *justæ*, il faut un élément de plus, il est nécessaire qu'elles s'accomplissent suivant les règles du droit

---

1. *Fragm. Vatic.* § 104.

en cette matière. Justinien a soin de le faire remarquer : « Justas, autem, nuptias, dit-il, inter se cives romani contrahunt qui secundum præcepta legum coeunt[1]. » Nous verrons, dans la suite, quels sont ces *præcepta legum* dont parle le texte. Constatons, tout d'abord, que l'union contractée au mépris de la loi n'est pas un *matrimonium justum*, mais tantôt une union licite, tantôt un commerce scandaleux puni sévèrement par la loi[2].

IV. A côté des justes noces, nous trouvons, à Rome, d'autres unions qui, elles aussi, reposent sur un rapport d'homme à femme et qui ont également leur principe dans la cohabitation de deux personnes pubères et de sexe différent. On rangeait dans cette catégorie le *concubinat*, *le mariage du droit des gens* et le *contubernium*.

1° *Concubinat.* — On se ferait une idée inexacte de cette institution si on la considérait comme un simple état de fait, comme une union irrégulière dont la loi ne s'était pas préoccupée, enfin comme le *concubinage* tel que nous l'entendons de nos jours. Le législateur ancien avait porté sa sollicitude sur cette situation. Il l'avait reconnue formellement en lui donnant un nom, en la subordonnant à certaines conditions, en la faisant produire certains effets. Le *concubinat* était une union *licite*, n'emportant par elle-même ni mépris ni déshonneur, « un véritable mariage »[3], mariage inférieur,

1. Just. *Inst.* liv. I, tit. x princip.
2 Lois 6 prine. 29; § 9, et 31, § 1, D. ad leg. Jul. *de Adult.*
3. M. Accarias, *Précis de Droit romain*, p. 200.

il est vrai, mais qui avait son caractère propre, indivi-
duel, qui puisait son existence dans le fait et dans le
droit.

Sous la République, l'exemple de personnes vivant en
concubinat dut être fort rare. Cela s'explique aisément.
Les Romains tenaient, avant tout, à perpétuer le culte
des dieux domestiques. C'était aux enfants mâles, nés
d'une union légitime, qu'incombaient le soin et le devoir
de continuer ce culte en entretenant le feu sacré et en offrant des sacrifices aux mânes des ancêtres. Par conséquent, le célibat était inconnu dans une société où les
traditions religieuses étaient la base de la famille. Il
s'ensuivit que les citoyens se crurent obligés mora-
lement et légalement à contracter des unions sans lesquelles l'espoir d'une descendance légitime était impossible. Mais la règle générale n'exclut pas l'exception.
Il est même plus que probable que les lois qui prohi-
baient le mariage entre ingénus et affranchis durent
donner naissance à quelques cas isolés de concubinat.
Toutefois à cette époque, et même au temps de Cicéron [1], rien en droit ne distinguait la concubine de la
femme de mauvaise vie [2].

Cette institution ne fut vraisemblablement organisée
que sous Auguste, alors que la dépravation des mœurs
avait envahi toutes les classes de la société. On trouvait
plus commodes, moins importunes et plus faciles à dissoudre ces unions irrégulières qu'un accord réciproque
suffisait à établir et qu'un mutuel dissentiment pouvait

1. Cicéron, de Orat. I, 40.
2 Loi 144, D. de Verb. signif.

rompre sans formalités. L'opinion qui semble prévaloir aujourd'hui, c'est que la reconnaissance légale du concubinat remonte aux lois *Julia* et *Papia Poppea* qui accordèrent aux concubins les récompenses qu'elles avaient instituées en faveur des *patres* [1].

La plupart des conditions exigées pour le mariage l'étaient également pour le concubinat, telles que la puberté [2], l'absence d'un premier lien [3] et de tous rapports de parenté ou d'alliance au degré prohibé. Mais dans cette union, qualifiée de *inæquale conjugium* [4], la femme n'a point le titre de *materfamilias*; elle conserve le rang qu'elle avait avant de devenir concubine; elle échappe aux peines de l'adultère [5], les enfants qu'elle met au monde suivent sa condition, ils ne sont pas *spurii* mais *injusti liberi* ou *liberi naturales*; ils n'entrent pas sous la puissance de leur père.

Les premiers coups qui furent portés au concubinat le furent par les empereurs chrétiens. Constantin chercha à l'ébranler, mais indirectement sans oser l'attaquer de front; il priva les enfants naturels de tous droits dans la succession de leur père [6], et interdit aux personnes illustres d'avoir des concubines. Ces mesures furent rapportées par ses successeurs. La suppression complète

1. Cette solution est vivement contestée; mais comme elle ne rentre pas dans la cadre de notre sujet, nous ne la discuterons pas.

2. Loi 1, § 4, D. de Concub. 25, 7.

3. Loi unic. C. de Concub. V, 26.

4. Loi 3, C. de natur. lib. V, 27.

5. Loi 3, § 1, D. de Concub.

6. Loi 1, C. de natur. lib. V, 27.

du concubinat ne date que de Léon VI le Philosophe.

2° *Mariage du droit des gens.* — Le droit romain, quant au mariage était essentiellement privée et exclusif; exclusif en ce sens qu'il ne considérait pas comme *justæ nuptiæ* l'union d'un Romain avec une pérégrine, ou d'une pérégrine et d'un pérégrin. Mais, si en fait, un commerce régulier s'établissait entre deux personnes libres dont l'une au moins n'était pas Romaine, on ne pouvait cependant pas considérer cette union comme dépourvue d'effets juridiques. On avait donc admis qu'il pouvait exister entre citoyens et pérégrins ou latins, entre pérégrins et entre latins un mariage *sui generis* appelé *matrimonium sine connubio* [1].

Ce mariage était supérieur au concubinat, il donnait au mari le droit de poursuivre l'adultère de sa femme *jure extranei* dès que le divorce était consommé [2]. Le père avait même sur ses enfants un certain pouvoir qui était réglé par l'édit du préteur pérégrin [3].

Depuis Caracalla, le droit de cité ayant été accordé à presque tous les sujets de l'empire, le *matrimonium sine connubio* devint de moins en moins fréquent. Il disparut complétement sous Justinien avec les Latins Juniens et les déditices.

3° *Contubernium.* — C'est l'union de deux esclaves, ou d'un homme libre avec une esclave, ou bien encore d'une femme libre avec un esclave. Ces sortes de re-

1. *Collatio mos. et rom. leg.* t. IV cap. v § 1.
2. Loi 13, § 1, D *ad leg. Jul. de Adult.* Voir aussi le texte de la *collatio mos. et rom. leg.* précité.
3. Gaius Com. I, § 55.

lations ne produisirent, pendant longtemps, aucun effet.
Tout au plus reconnaissait-on qu'il pouvait en découler
une espèce de parenté servile qui, à un moment donné,
serait obstacle au mariage [1]. Le christianisme, en appor-
tant des adoucissements à la condition des esclaves prit
en mains aussi l'intérêt des enfants qui auraient pu
naître de deux esclaves, ou d'une personne libre et d'un
esclave. L'empereur Constantin défendit expressément
qu'on éloignât les enfants issus *ex contubernio* de leurs
auteurs et la femme esclave de l'homme avec lequel
elle vivait habituellement [2]. Enfin l'empereur Léon fit
en sorte de consolider cette union des esclaves et édicta
différentes dispositions conçues dans ce but.

1. Loi 14, §2, D. *de Rit. nupt.*
2. Loi 1, Cod. Théod. II, 2.

CHAPITRE II

I. — Les fiançailles. — II. A quelles conditions les justes noces se formaient. — III. Puberté. — IV. Consentement; consentement des futurs époux; consentement des ascendants. — V. Connubium; empêchements résultant de la parenté ou de l'alliance; empêchements purement politiques.

I. — Deux titres spéciaux, l'un au *Digeste*, livre XXIII, titre i, et l'autre au code, livre V, titre i, nous apprennent que les Romains faisaient précéder quelquefois leur mariage des *sponsalia*, sorte de conventions que notre législation n'a pas reproduites, mais qu'on retrouve encore aujourd'hui usitées chez quelques nations européennes et notamment en Allemagne et en Angleterre.

« Sponsalia sunt mentio et repromissio nuptiarum futurarum [1]. » C'était, comme on le voit par cette définition, les promesses réciproques de mariage. Le mot *sponsalia* vient de *spondendo* [2]. Car anciennement ces promesses se faisaient par stipulation, ce qui impliquait la nécessité que les parties fussent présentes. Mais à l'époque des jurisconsultes classiques, les fiançailles se contractaient par le seul consentement même sans écrit [3].

1. Loi 1. D. XXIII, 1.
2. Loi 2. D. eod.
3. Bien que ces promesses pussent êtres faites par simple consentement verbal, le plus souvent néanmoins, elles étaient écrites

Aussi pouvait-on fiancer un absent et une absente pourvu toutefois qu'ils sussent ou qu'ils ratifiassent ce qui avait été fait [1].

La plupart des conditions requises pour les justes noces s'appliquaient également aux *sponsalia* [2].

1° Il existait pour les fiançailles comme pour le mariage un certain âge avant lequel elles ne pouvaient être contractées valablement. Tout le monde est d'accord pour fixer cet âge à sept ans [3].

2° On voulait de plus que le consentement de ceux qu'on se proposait de fiancer se manifestât clairement [4]. Celui de la jeune fille pouvait n'être que tacite. Il suffisait qu'elle ne s'opposât pas à la volonté de son père [5]. Quand elle refusait d'accepter pour fiancé l'individu agréé par son ascendant, elle devait motiver son refus ; « tunc autem solum *dissentiendi* a patre licentia filiæ conceditur, si indignum moribus vel turpem sponsum ei pater eligat [6]. » Le fils de famille, non plus, ne pouvait être fiancé malgré lui. S'il refusait l'offre qui lui était faite, les *sponsalia* étaient impossibles, encore

---

et scellées en présence des parents et de quelques amis. La fiancée recevait alors un anneau de son fiancé pour gage de sa foi ; dans le principe cet anneau était de fer, mais plus tard il fut d'or. Après cela; les futurs époux se donnaient réciproquement un baiser, *osculum.*

1. Loi 4, § 1 et loi 5 eod. D.
2. Loi 13, D. eod.
3. Loi 14, in fine, D. eod.
4. Loi 2, D. eod.
5. Loi 12 princip. D. eod.
6. Même loi. § 1.

même qu'il ne donnât aucune raison à l'appui de sa détermination [1].

3° En dehors de ce consentement, la loi exigeait aussi celui des ascendants qui auraient été appelés à consentir au mariage [2].

4° Les fiançailles ne pouvaient avoir lieu entre personnes qui n'auraient pu contracter un mariage légitime. Ainsi le tuteur à qui il était défendu de prendre pour épouse sa pupille ou de la marier à son fils ne pouvait, dans ces mêmes hypothèses, *sponsalia facere*. Les textes sont formels à cet égard. « Quod de nuptiis tractamus, dit Modestin, et ad sponsalia pertinere videntur [3]. » L'*oratio* des empereurs Commode et Antonin, « quæ quasdam nuptias in personam senatorum inhibuit, » ne parlait que des justes noces, mais par analogie on appliquait ses dispositions aux *sponsalia* [4].

En principe, les épousailles une fois contractées ne pouvaient être rompues au gré des parties [5]. Cependant on faisait une exception en faveur du père qui avait gardé sa fille en puissance; il lui était permis de dissoudre les *sponsalia*, en signifiant sa volonté *per nun-*

1. Loi 13, D. eod.
2. Loi 7. § 1. D. eod.
3. Loi 13, D. eod.
4. Loi 16, D. eod.
5. Quand l'un des fiancés refusait sans motif légitime de tenir sa promesse, il pouvait être actionné en vertu de l'action de *Sponsis* et condamné à des dommages et intérêts. Mais vers le III° siècle de Rome, les formes solennelles de la *sponsio* étant abandonnées et les fiançailles se contractant par simple consentement, l'action de *Sponsis* disparut

tium au fiancé. Il perdait ce droit s'il avait émancipé son enfant [1].

L'usage s'était introduit de donner des *arrhes* lors des fiançailles, soit comme preuve du contrat, soit à titre de dédit. Aussi l'un des fiancés venait-il à mourir, les arrhes devaient être restituées à celui qui les avait fournies à moins, que «causam, ut nuptiæ non celebrarentur defuncta persona jam præbuit [2]. Si les arrhes avaient été stipulées comme *clause pénale*, la partie qui se rétractait perdait celles qu'elle avait données, ou restituait au double celles qu'elle avait reçues.

En général, les fiançailles précédaient de quelques jours ou de quelques mois seulement l'époque du mariage [3]. Néanmoins il pouvait arriver que d'impérieuses nécessités empêchassent le mariage dès qu'il était possible ou le retardassent pendant un, deux, trois et même quatre ans. C'est ce qui se présentait lorsque l'un des futurs époux était malade, lorsque ses parents étaient morts, lorsqu'il était obligé de s'absenter pour un voyage lointain et indispensable [4].

Pour finir, nous dirons deux mots d'une constitution

---

1. Loi 10, D. eod. t. Ulpien nous apprend que le tuteur d'une jeune fille n'aurait pu, *per nuncium*, dissoudre les fiançailles de celle-ci et par suite empêcher son mariage. La raison en est que seul il eût été impuissant à former les *sponsalia*, et que seul il demeure aussi incapable de les rompre sans l'agrément de sa pupille. (Loi 6, D. de Spons.)

2. Loi 3, Cod. V, 1.

3. Quand on prenait jour pour les noces, on avait soin d'éviter les jours de *mauvais augure*, tels que les Calendes, les Ides, les Nones et le lendemain de ces jours-là.

4. Loi 17, D. XXIII, t.

des empereurs Léon et Anthémius, rapportée sous le titre *de Sponsalibus* au code et qui a trait aux *proxénètes*. A Rome les *proxénètes* étaient traités avec un certain mépris. Leur métier consistait à s'entremettre, moyennant salaire, pour les étrangers ou pour toute autre personne. Il paraît que souvent leurs maisons, sous les apparences d'un commerce quelconque, cachaient de véritables *agences de mariage* d'où les gens, alléchés par de fausses promesses, ne sortaient la plupart du temps que dupés et volés. C'est afin de protéger les personnes trop crédules ou peu expérimentées contre ces supercheries, que fut rendue en 469 la constitution que nous venons de rappeler. Elle déclare que le *proxénète*, ou *conciliator nuptiarum* n'aura droit à aucun salaire quand il se sera entremis pour un mariage. Toutefois elle ajoute : « Sin pactum intercesserit, non ultra vicesimum partem dotis, et ante nuptias donationis exigat, si dos ad ducentas usque libras auri pertingit [1]. »

Nous avons cru nécessaire d'exposer brièvement ici les règles relatives aux fiançailles, car elles se lient intimement à la matière du mariage et lui servent pour ainsi dire de préambule et d'introduction.

II. GÉNÉRALITÉS.— Ce serait étrangement se tromper que d'appliquer au mariage romain les principes sur lesquels les rédacteurs de notre code civil ont assis cette institution. Chez nous, l'union de l'homme et de la femme est un contrat solennel, qui doit être reçu par un

1. Loi 16, cod. V, 1.

officier public [1], en présence de témoins [2], dans un certain lieu [3]., avec une grande publicité [4]. C'est un acte purement civil; sa validité est dans la loi et dans la loi seule. Que si la plupart de ceux qui se marient se croient obligés *en conscience* de faire bénir leur union par un prêtre, il ne faut pas voir dans ce fait un élément constitutif ni même complémentaire du mariage. Il existe indépendamment de la cérémonie religieuse et produit tous ses effets alors même qu'il se serait passé de la consécration de l'Église.

Les Romains, eux, avaient considéré le mariage comme un acte essentiellement privé, intéressant avant tout la famille. La Cité n'avait donc pas besoin d'être représentée au contrat par un de ses magistrats. La nature même de cette convention s'opposait également à ce qu'elle fût rendue publique. Les seules parties intéressées, les seules qui eussent qualité pour concourir à la formation des noces, c'étaient les futurs époux et leurs ascendants.

Il entra plus tard dans les habitudes des Romains de dresser un acte pour constater les noces — *nuptiales tabulæ* — ou pour régler les conventions relatives à la dot, *instrumenta dotalia* [5]; mais ces écrits étaient des moyens de preuve et rien autre chose. Ce qui engen-

1. Art. 39, 40, 42, 165, Cod. civ.
2. Art. 73, Cod. civ.
3. Art. 74, Cod. civ.
4. Art. 75, 165 combinés.
5. Sous Justinien, ces *instrumenta dotalia* étaient absolument nécessaires pour le mariage des personnes illustres. Nov. 74. Quant aux personnes de condition moyenne, leur mariage devait être constaté par le *defensor Ecclesiæ* en présence de témoins. Cette dernière formalité fut abolie par la Novelle 117.

drail le mariage c'était le consentement (*mutuus consensus*) voilà tout [1].

De ce qui précède, il ressort qu'à Rome les justes noces étaient de droit civil en ce sens que la loi en réglait les conditions de validité et les effets, et qu'elles rentraient en même temps dans la classe des conventions privées.

Examinons maintenant les conditions auxquelles le législateur avait subordonné la validité des justes noces. Elles sont au nombre de trois : la puberté, le consentement, et le *connubium*.

Ces conditions d'ailleurs supposaient remplie la première de toutes, l'absence d'un premier lien, car, à Rome, la polygamie n'était pas tolérée; en conséquence l'existence d'un premier mariage était un empêchement à la formation d'un second [2]. Nul ne pouvait avoir deux épouses à la fois, ni une épouse légitime et en même temps une concubine [3].

1. Chez les Hébreux, le mariage était également un acte absolument privé. Les ministres de la religion n'y intervenaient point. Il était célébré au sein de la famille, au milieu des parents et des amis. C'est le père qui faisait à la fois les fonctions de prêtre et d'officier de l'état civil. Plaçant la main droite de sa fille dans la main gauche du jeune homme, il disait : « Que le Dieu d'Abraham, le Dieu d'Isaac, le Dieu de Jacob soit avec vous, qu'il préside à votre union et vous comble de ses bienfaits. » (*Tobie*, liv. 7, v-xv.)

2. Loi 2 Cod. liv .V, tit. V.

3. Loi unique, Cod. V 26. Les Romains avaient assimilé la polygamie à l'inceste et frappé ces deux crimes de peines extrêmement sévères. Non-seulement, comme le dit Justinien au § 12 de ses *Inst. de Nupt. nec nuptiæ, nec matrimonium, nec dos intelligitur*, mais la loi infligeait aux coupables tantôt l'exil ou la déportation, tantôt la peine corporelle du fouet et toujours la confiscation de la dot et la perte des biens qui passaient aux enfants légitimes ou à leur défaut au fisc.

III. — 1° *Puberté*. — En premier lieu, pour pouvoir se marier valablement il faut être pubère, c'est-à-dire avoir atteint l'âge où l'homme et la femme sont aptes à contracter d'après le droit commun et propres à engendrer. Les Romains avaient fixé la puberté quant au mariage à quatorze ans accomplis pour les hommes et à douze ans aussi accomplis pour les femmes [1]. On appelait cette puberté la puberté *simple*, par opposition à la puberté *pleine* qui était de dix-huit ans pour les hommes et de quatorze ans pour les filles. Cette distinction présentait un intérêt pratique en matière d'adoption [2] et au sujet du legs d'aliments [3].

Les unions formées au mépris de cette règle, c'est-à-dire au-dessous de l'âge requis par la loi, étaient frappées d'une nullité radicale. Toutefois, le mariage avec une fille mineure de douze ans devenait valable lorsqu'elle avait continué d'habiter avec son mari après sa douzième année accomplie [4]. Il faut bien comprendre la portée de

---

1. Loi 2, D. *de Vulg. et pulp. subst. Instit. princip. de nuptiis et princip. Quib. mod. fin. tut.* — Loi 4 *de Ritu nupt.* — Loi 3 Cod. *Quando. tut. vel cural.*

2. Loi 40, D. *de Adopt.*

3. Loi 14, D. *de Alimen. et Cib. legato.* — La loi Papia Poppea, abrogée par la loi 27 cod. *de Nupt.* prohibait le mariage de la femme qui avait cinquante ans et de l'homme sexagénaire. L'esprit dans lequel cette loi avait été rendue peut seul justifier une disposition aussi bizarre.

4. Loi 4, D. *de Ritu nupt.* rapprochée cod. Napol. art. 185. Primitivement la puberté était fixée par le *paterfamilias*. Celui-ci examinait si son enfant, d'après son développement physique, était en état de se marier. Cet examen fut considéré de bonne heure comme fort peu convenable surtout à l'égard des filles. On décida en conséquence que les femmes seraient réputées pubères à l'âge de douze ans. Quant aux hommes ils continuèrent à être soumis à

cette exception. Elle ne valide pas le mariage rétroactivement; elle se contente de le rendre valable pour
l'avenir, à dater du jour où la femme est devenue ma-
jeure.

En fixant d'une façon générale la puberté pour tous
les individus [1], la loi a présumé qu'à partir d'un certain âge l'homme est capable de concevoir. Néamoins il
peut se faire que cette présomption tombe devant la
réalité; par exemple, qu'un homme pubère soit ou de-
vienne impuissant et qu'une femme nubile soit frappée
de stérilité. Dans cette hypothèse le but principal du
mariage, qui est la procréation, sera manqué. Mais ira-
t-on jusqu'à dire que la nullité de ce mariage pourra
être demandée pour cette cause? La stérilité de la
femme mariée autorisait certainement son époux à la
répudier [2]. Pour ce qui est de l'impuissance de l'homme,
celle qui résultait de la castration était la seule qui em-

l'inspection du père de famille. Le jour des *liberalia*, le jeune homme
reconnu pubère quittait la toge prétexte pour la toge virile. L'école
proculienne combattit longtemps pour qu'on fixât l'âge de la puberté à quatorze ans pour les garçons, comme il l'était pour les
filles à douze ans. C'est cette dernière opinion que Justinien a consacrée en fixant la puberté à quatorze ans pour les garçons. Gaius
C. 1, § 196. Just. *Instit. Quib. mod. fin. tut.*

1. Chez nous la puberté ou plutôt la majorité requise pour le
mariage étant plus reculée que chez les Romains (art. 144) le législateur a pensé que dans certaines circonstances graves le chef
de l'État pourrait après examen accorder des dispenses d'âge (art.
145). Rien ne nous autorise à croire qu'à Rome il en fut ainsi. Le
seul titre où il soit question de la *venia ætatis* est le titre 43, livre 2 au code. Mais toutes les dispositions qu'il contient se réfèrent
à la capacité d'administrer ses biens et non à celle de se marier.

2. Carvilius Ruga répudia sa femme pour ce motif. (Voir Aulu-
Gelle, 4, 3.)

pêchât qu'il y eût mariage valable. Quant aux *spadones*, aux individus atteints d'une impuissance naturelle, leur mariage resta toujours inattaquable[1].

IV. 2° CONSENTEMENT. — « Nuptiæ consistere non possunt, dit le jurisconsulte Paul, nisi consentiant omnes, id est qui coeunt, quorumque in potestate sunt[2]. » On voit par là que l'existence des justes noces est subordonnée à un double consentement : celui des futurs époux et celui des ascendants sous la puissance desquels ils se trouvent. Pour plus de clarté nous allons étudier séparément et sous deux rubriques chacun de ces consentements.

1° *Consentement des futurs époux.* Une fois la condition d'âge remplie, l'homme et la femme qui se trouvent en présence pour contracter mariage doivent avant tout se connaître et se convenir. La meilleure preuve qu'il y a de leur part, convenance réciproque, résultera du consentement qu'ils donneront l'un et l'autre à l'acte qui doit les unir. Chez nous, une manifestation expresse de volonté est exigée[3]. Rien ne nous indique au contraire qu'à Rome, l'expression formelle du consentement ait été nécessaire[4] ; chez nous encore, le mariage contracté sans le consentement libre des deux époux ou de l'un d'eux est attaquable par les deux époux ou par celui dont le consentement n'a pas été libre[5]. La violence et l'erreur sont au nombre des faits qui entra-

1. Loi 39, § 1, D. *de Jure dotium.*
2. Loi 2, D. *de Ritu nupt.*
3. Code civil, art. 75, 3me alinéa.
4. Lois 12 et 13, D. *de Spons.* Loi 5 Cod. *de Nupt*
5. Code civil, art. 180.

vent la liberté et rendent en conséquence le mariage annulable. Mais c'est en vain qu'on chercherait dans les lois romaines un texte prononçant la nullité d'un mariage parce que le consentement aurait été vicié d'erreur. Quant à la violence, voici comment s'exprime le jurisconsulte Celse. « Si patre cogente ducit uxorem quam non duceret si sui arbitrii esset, contraxit tamen matrimonium[1]. » Ce qui n'empêchait pas d'ailleurs, qu'en principe, le père de famille n'eût pu contraindre son fils « invitum, ad uxorem ducendam[2]. » Un patron n'aurait pu davantage forcer son affranchie à l'épouser[3].

2° *Consentement des ascendants.* Indépendamment du consentement des futurs époux, la loi exigeait en outre le consentement des ascendants sous la puissance desquels les parties contractantes se trouvaient placées pour le mariage[4]. D'après Justinien, cette nécessité pour les fils ou fille de famille d'obtenir le consentement des ascendants dériverait du droit naturel et du droit civil : « hoc fieri debere et civilis et naturalis ratio suadet[5]. » Cela serait vrai de nos jours où l'obligation imposée aux enfants de représenter le consentement de leurs parents est en même temps et une mesure préventive contre l'inexpérience des futurs époux et une marque de respect due tout à la fois au père et à la mère. Mais pour l'expliquer en droit romain, il faut « remonter aux princi-

1. Loi 22, D. de rit. Nupt.
2. Loi 13, Cod. de Nupt. V, 4.
3. Loi 23, D. de rit. Nupt.
4. Loi 2. D. eod.; Just. Inst. 1, 10, princip.
5. Just Inst. 1, 10 princip.

pes constitutifs de la famille romaine [1] » et ne s'arrêter qu'aux effets civils de la puissance paternelle. C'est en effet dans cette puissance et là seulement, que prend sa source le droit accordé aux ascendants de permettre ou d'empêcher le mariage de leurs descendants. Voilà pourquoi la mère et les ascendants maternels n'étaient jamais consultés [2]; c'est également le motif qui dispensait le fils émancipé [3] ou donné en adoption et aussi l'enfant *sui juris*, si jeune qu'il fût, (excepté cependant la femme en tutelle perpétuelle [4]) d'obtenir le consentement du père de famille. Ainsi tout ascendant qui n'a pas ou qui n'a plus la puissance ne peut, à aucun titre, autoriser ou interdire le mariage de ses descendants. Telle est la règle générale, mais elle souffre une exception. Par exemple, le petit-fils soumis à la puissance de l'aïeul doit obtenir et le consentement de celui-ci et le consentement de son père dans le cas où ce dernier existerait encore dans la famille. Le père, en effet, est tout aussi bien que l'aïeul, intéressé au mariage de son fils, puisque le futur époux et les enfants à naître de ce mariage pourront, un jour, tomber sous sa puissance et devenir ses héritiers siens, or « nemini ei invito suus heres agnoscatur [5]. » On comprend facilement que cette exception ne s'appliquait pas

1. Ducaurroy, *Inst. expliqu.*, tom Ier p. 113, 5me édit.
2. Les empereurs Honorius et Théodose le Jeune exigèrent que la fille mineure de vingt-cinq ans et *sui juris* prît encore le consentemen de son père, et si celui-ci était mort le consentement de sa mère et de ses proches parents. LL. 18 et 20 au cod *de Nupt.*
3. Loi 23 D. *de rit. Nupt.*
4. Elle ne pouvait se marier qu'avec *l'auctoritas tutoris*, Ulp. XI, § 22.
5. Just. Instit. *de Adopt.* § 7.

aux petites-filles dont la postérité appartenait toujours
à la famille de leurs maris[1].

Pour terminer ce que nous avons à dire du consentement des ascendants, il nous reste à répondre aux deux
questions suivantes : 1° Peut-on contraindre le père de
famille à donner son consentement ou y suppléer? —
2° En quelle forme et à quel moment doit-il être donné?

1re Question. — Autrefois et jusqu'au règne d'Auguste, le père de famille put refuser son consentement
sans avoir à rendre compte de sa détermination. Il dépendait donc de lui d'imposer le célibat à ses enfants.
— Mais du jour où certaines déchéances furent attachées
à la qualité de *cœlebs*, la loi *Julia* permit aux magistrats
de contraindre les ascendants à donner leur consentement toutes les fois que « liberos, quos habent in potestate, injuria prohibuerint ducere uxores, vel nubere[2]. »

On allait plus loin et quelquefois même on présumait
le consentement que le père aurait problablement donné
au mariage, s'il avait pu le connaître. C'est ce qui arri-
vait notamment lorsque le *paterfamilias* était captif
chez l'ennemi, absent ou en démence.

Captif... Si le père de famille est captif et qu'il meurt
en captivité, il est bien certain que le mariage contracté
par ses enfants, *pendente captivitate*, est valable à tous
points de vue, puisque, d'une part, par le fait même de
la captivité, le père a cessé d'être citoyen romain, et que
d'autre part, ses enfants sont devenus *sui juris* dès l'ins-

1. Loi 16, § 1er D. *de rit. Nupt.*
2. Loi 19, D. *de rit. nupt.*

tant où il a perdu la liberté [1]. Mais supposons que le père revienne et, qu'en vertu du « postliminium, omnia pristina jura recipiat, » le mariage contracté par son fils ou sa fille, en son absence et sans son consentement, sera-t-il valable? A l'égard du fils, il y avait lieu d'hésiter à admettre la validité du mariage à cause de la règle *nemini invito*, etc..... Cependant l'opinion qui avait prévalu était que le mariage devait être maintenu « quia illius temporis conditio necessitasque faciebat et publica nuptiarum utilitas exigebat [2]. » Sous Justinien, après trois ans de captivité de l'ascendant, les fils de famille peuvent « recte matrimonium vel nuptias contrahere [3] ; » ils le peuvent même, avant l'expiration du délai de trois ans, à la condition de faire une union sortable que le père eût vraisemblablement approuvée [4].

Absent... C'est-à-dire que l'existence du père de famille est incertaine, « ut ignoretur, ubi sit, et an sit [5]. » Il faut appliquer à cette hypothèse toutes les dispositions qui régissent le cas précédent.

En démence... L'individu privé de raison est incapable de consentir, de vouloir d'une façon libre et réfléchie. Or si cet individu est père de famille, exigera-t-on que ses enfants attendent sa guérison, pour pouvoir se marier? Cette nécessité a paru trop rigoureuse. De bonne heure les filles d'un *fou* purent se passer de son consentement

1. Just. Inst. *Quib. mod. jus. pot. l. sole.* § 5 l, 12.
2. Loi 12, § 3. D. *de Capt. et Postli.* XLIX, 23.
3. Lois 9, § 1 et 10, D. *de Rit. nupt.*
4. Loi 11, eod.
5. Loi 10, eod.

et se marier tout aussi librement que si elles étaient *sui juris*[1]. Quant aux fils, ils durent, jusqu'à Marc-Aurèle du moins, obtenir préalablement l'autorisation impériale. Ce prince en dispensa les enfants du « mente captus, sive masculi, sive feminæ sint[2]. » Mais cette constitution visait-elle également les enfants du *furiosus*? Telle était la question qui divisait les auteurs et que Justinien trancha en faveur des enfants[3].

Une observation commune aux trois cas que nous venons d'énumérer, c'est que le consentement du grand-père, présent et sain d'esprit, suppléait toujours celui du père[4].

2ᵐᵉ Question. — Chez nous, le consentement des parents s'établit, soit par un acte notarié représenté par les époux à l'officier de l'état civil, soit par la déclaration verbale faite par les parents eux-mêmes au moment de la célébration et consigné dans l'acte de mariage. A Rome, rien de semblable n'était prescrit. Il n'était pas nécessaire que le consentement du *paterfamilias* fût exprès; il pouvait n'être que tacite « ita tamen patris consensus accedat[5]. » C'est donc à tort, suivant nous, qu'on a soutenu que, dans l'ancien droit, le consentement du père devait toujours être formel à l'égard du fils. Cette manière de voir s'appuie sur deux textes dont nous

1. Just. Inst. I, 10 princip. 2ᵐᵉ alinéa et Loi 25 Cod. *de Nupt.*
2. Même loi.
3. Même loi. Le curateur du fou fut même autorisé à doter l'enfant, en présence des principaux membres de la famille et du *præfectus urbi*, ou du président ou de l'évêque.
4. Loi 9 princip. D. *de Rit. nupt.*
5. Loi 12, Cod. *de. Nupt.* Voir aussi au même titre la loi 5.

allons essayer de dégager la portée. — C'est d'abord
la loi 11, D. *de Stat. hom.* qui n'est qu'une réponse
de Paul à une question qui lui avait été soumise. Si le
jurisconsulte ne parle ici que du mariage des filles pour
lequel il admet que le consentement tacite est suffisant,
c'est que le cas particulier sur lequel il avait été consulté le voulait ainsi. Sa décision est donc purement
spéciale et ce serait, à coup sûr, en fausser le sens que
d'en conclure *a contrario* que, s'il se fût agi du mariage
d'un fils, un consentement exprès eût été indispensable.
En second lieu on invoque la loi 7, § 1er *de spons. Dig.*
aux termes de laquelle le père de la jeune fille est censé
consentir aux fiançailles « nisi evidenter dissentiat. »
Par conséquent, dit-on, le père du jeune homme doit
toujours « evidenter consentire. » On pourrait répondre
qu'un consentement tacite peut être tout aussi *évident*
qu'un consentement verbal ou écrit. Mais, sans s'arrêter à
une disscussion de mots, il est facile, d'après ce que nous
savons déjà, de réfuter l'argument *a contrario* que l'on
tire de la loi précitée. En effet, nous venons de voir, il
y a un instant, que les filles d'un fou, d'un captif ou
d'un absent pouvaient se marier sans son consentement,
tandis que les fils ne jouissaient pas, d'après beaucoup
d'auteurs, de la même prérogative. Il est donc fort probable que Paul a eu en vue dans la loi 7 l'hypothèse où
le père de la jeune fille se trouve dans l'impossibilité de
manifester sa volonté. Le texte signifierait, alors, « qu'en
pareil cas une fille peut contracter des fiançailles valables, comme elle peut aussi se marier [1]. » Au surplus,

1. M. Accarias, *Précis de Droit romain*, tom. 1, p. 163, not. 2, 2e éd.

on peut ajouter, que la loi 12 au Cod. *de. Nupt.* où il est évidemment question du fils, repousse la distinction purement arbitraire qu'on nous propose.

Le consentement du père de famille est exigé à peine de nullité. — Il est une des conditions essentielles à la la validité du mariage. S'il fait défaut, les justes noces n'existent pas, et s'il intervient postérieurement elles n'ont d'existence légale que du jour où il est donné. En principe donc, ce consentement doit précéder le mariage (*jussus parentum præcedere debeat* [1].) « Le sens du mot *jussus* déterminé ici par celui du verbe *præcedere*, indique le consentement à une chose future, par opposition au consentement qui confirme, ratifie ou approuve une chose déjà existante [2]. »

V. 3° *Connubium.* Nous sommes arrivés à la troisième condition exigée pour la validité des justes noces, le *connubium.* Ce mot est susceptible d'une double acception. Dans un sens large, il désigne la *capacité générale* de se marier. C'est ainsi que l'emploie Ulpien quand il dit : *Connubium est uxoris jure ducendæ facultas.* Dans un sens plus restreint, il signifie la capacité relative de s'unir à telle ou telle personne. C'est dans ce dernier sens qu'il est pris généralement.

1. Just. Inst. I, 10 princip.
2. Ducarroy. *Inst. expliquée,* tom. 1er p. 113. — Notre Code civil s'est contenté de permettre aux ascendants dont l'autorité a été méconnue et à celui des époux qui n'a pas été suffisamment protégé d'attaquer le mariage et de le faire tomber. (Art. 182.) Ce n'est donc plus un contrat nul *ipso jure,* mais un contrat simplement annulable et susceptible d'être validé, soit par une ratification expresse ou tacite, soit même par la prescription de l'action en nullité. (Art. 183.)

En principe, le *connubium* n'existe qu'entre citoyens romains. « Connubium habent cives romani cum civibus romanis [1]. Nous verrons par la suite les tempéraments qui furent apportés à la rigueur de ce principe inspiré par un amour-propre national poussé à l'excès. Mais, de la généralité de la règle il ne faudrait pas conclure à la généralité de son application. Entre les citoyens eux-mêmes le *connubium* n'existait pas toujours. La parenté, l'alliance, certaines considérations civiles et politiques formaient autant d'obstacles à l'union des citoyens entre eux. Nous diviserons donc en quatre classes ces empêchements à mariage. Ceux qui proviennent : 1° de la parenté ; — 2° de l'alliance ; — 3° de certaines considérations civiles ; — 4° de certaines considérations politiques.

1° *Empêchements résultant de la parenté.* — Les Romains distinguaient deux sortes de parentés : la parenté purement civile ou *agnation*, la parenté naturelle ou *cognation*. Étaient *agnats* tous ceux qui se trouvaient, qui s'étaient trouvés ou qui se trouveraient, s'ils fussent nés plus tôt, sous la puissance d'un auteur commun. On appelait *cognats* les personnes unies par le sang et descendant, soit l'une de l'autre, soit d'une même souche. Mais il pouvait se faire qu'elles fussent agnats dans leurs rapports avec telle personne, et cognats vis-à-vis de telle autre. Ainsi l'adopté, devenant l'agnat de l'adoptant, n'en restait pas moins le cognat de son père naturel.

La parenté se subdivise encore en parenté en ligne

1. Ulp. *Reg.* tit. V, § 1.

directe ascendante ou descendante, et parenté en ligne collatérale. On a souvent comparé les parents à des personnes qui monteraient ou qui descendraient une échelle. C'est au moyen de degrés que l'on calcule la parenté. Le degré est l'intervalle entre deux échelons. En ligne directe, on compte autant de degrés qu'il y a de générations; l'échelle est simple. En ligne collatérale, il faut remonter jusqu'à l'auteur commun et redescendre ensuite; l'échelle est double.

Ceci dit, voyons dans quelle mesure la parenté s'oppose au mariage.

Le mariage est prohibé en *ligne directe* à l'infini [1]. « Inter eas personas quæ parentum liberorumque locum inter se obtinent contrahi nuptiæ non possunt..... et si tales personæ inter se coierint nefarias atque incestas nuptias contraxisse dicuntur [1]. » Cette prohibition

---

1. D'après M. Accarias, deux raisons majeures ont dû s'opposer à de tels liens : « Il est certain, dit-il, que des mariages multipliés entre personnes de même sang aboutissent, après quelques années, à la dégradation physique et intellectuelle de la race. Et peut-être la répugnance instinctive que de pareilles unions soulèvent tient-elle à un sentiment confus de cette vérité aujourd'hui invinciblement établie par l'observation. 2° Si le mariage était permis entre personnes qui vivent ensemble très-rapprochées, soit dans des relations d'affection tout à fait familières, comme le frère et la sœur, soit dans des relations qui placent l'une sous la dépendance de l'autre, comme le père et la fille, il y aurait là une incitation permanente à des désordres que l'on pourrait se flatter de réparer plus tard par le mariage. » (*Précis de Droit romain*, tom. Ier, page 167.) Chez le peuple hébreu, au temps des patriarches, on trouve l'exemple de ces unions incestueuses. Ainsi Sara était à la fois la sœur consanguine et la femme d'Abraham. (*Genèse*, L. XX, v. 2, 12.)

1. Just. I. Inst. — I X § 1. — Loi 17. Cod. de *Nup*. Loi 53 D. *de Rilu nup.*

s'étend également au père adoptif auquel il est défendu d'épouser sa fille ou sa petite-fille adoptive, même après les avoir émancipées [1].

La parenté produit aussi des empêchements en *ligne collatérale*, mais avec moins d'étendue qu'en ligne directe. Ainsi l'empêchement qui résulte entre collatéraux d'un lien purement civil cesse dès que ce lien est rompu. Que si par exemple, deux individus sont frère et sœur par l'effet d'une adoption, il est certain qu'ils ne pourront pas se marier tant qu'ils demeureront dans la même famille, mais dès que l'un d'eux en sortira par suite d'une émancipation, l'obstacle disparaîtra et l'union sera possible [2].

Il nous reste à voir dans quel cas les justes noces sont défendues *ex transverso gradu*. La prohibition peut se résumer tout entière dans la formule suivante : la parenté civile ou naturelle s'oppose au mariage entre collatéraux, toutes les fois que l'un des futurs conjoints n'est qu'à un degré de l'auteur commun. D'où nous concluons qu'on ne peut épouser ni son frère ni sa sœur, ni aucun de leurs descendants [3]. Cependant l'empereur Claude désirant prendre pour femme sa nièce Agrippine, fille de Germanicus, fit autoriser, par un sénatus-consulte, le mariage de l'oncle avec la fille

1. Just. *Inst.* I-X, § 1 *in fine*.
2. Loi 17. D. *de Ritu* nup. — J'aurais pu cependant épouser la fille de ma sœur adoptive ou bien encore la femme que mon aïeul maternel a adoptée comme sœur de ma mère. Dans ces deux cas, en effet il n'y a ni parenté civile ni parenté naturelle. Just. Inst. I — X § 3 in fine. Loi 12, § 4 *de Rit.* nupt.
3. Just. *Inst.* I - X, § 3.

de son frère [1]. Mais les fils de Constantin abolirent cette exception qui, du reste, ne fut jamais étendue à la fille d'une sœur. Ils allèrent même jusqu'à prononcer la peine de mort contre l'oncle paternel qui épouserait sa nièce ou qui entretiendrait avec elle un commerce illicite [2].

A l'origine, le mariage entre cousins germains était permis [3]. Mais l'histoire nous apprend que ces sortes d'alliance étaient vues d'un mauvais œil et considérées comme un outrage aux bonnes mœurs [4]. C'est ce qui décida probablement les empereurs chrétiens à les défendre absolument. Cette prohibition subsista jusqu'à Justinien qui remit en vigueur l'ancien droit.

2° *Empêchements résultant de l'alliance.* — L'alliance, *affinitas* en latin, est le lien qui existe entre un conjoint et les parents de l'autre conjoint, et même entre les parents d'un conjoint et ceux de l'autre [5]. Il est à remarquer cependant que l'alliance ne constitue un empêchement à de nouveaux liens qu'après la dissolution du mariage qui l'a créé. Nous savons, en effet, qu'à Rome, la polygamie était défendue [6]. La loi, considérant l'alliance comme une sorte de parenté, il en résultait que le mari devenu veuf, ne pouvait épouser ni les descendants, ni les ascendants de sa femme, et réciproquement qu'il

1. Tacite, *Annales*, XII, cap. VII, Gaius, c. I, § 62.
2. Loi 1 cod. th. *de Incest. nup.* III — 12.
3. Loi 3 D. *de Ritu nup.* et loi 2 Cod, *de Just. et subst.* Tite-Live — I, II, 34.
4. Tacite, *Annales*, XII, cap. VI.
5. L'*affinitas* pourrait résulter du *contubernium*, loi 16, § 3 *de Rit. nup.* du *concubinat*, Loi 3 Cod. *de Nupt.* ou d'un *matrimonium non justum.*
6. Just. Inst. I-X, § 6.

était interdit à la femme convolant à de secondes noces, de prendre pour époux les ascendants ou descendants de son défunt mari ; « itemque ex affinibus proverca nuru, socru cæterisque quæ jure antiquo prohibentur a quibus cunctos volumus se abstinere [1]. » Toutefois, entre certains alliés l'alliance n'était pas un obstacle au *connubium*. Ainsi, rien n'empêchait quelqu'un d'épouser la fille que sa marâtre aurait eue d'un premier mariage, encore que de sa nouvelle union seraient nés des enfants [2].

L'alliance en ligne collatérale ne fut pas, pendant fort longtemps du moins, une entrave aux justes noces. Mais comme la morale chrétienne réprouvait de pareils liens, l'empereur Constance prohiba le mariage du beau-frère et de la belle-sœur [3].

3° *Empêchements résultant de considérations civiles.* — La décence publique avait fait prohiber les *justæ Nuptiæ* entre personnes qui, sans être alliées, se trouvaient unies par certains rapports civils que le mariage ne pouvait faire disparaître sans blesser hautement les convenances sociales.

Il est bien évident, par exemple, que les fiançailles ne produisaient aucune affinité proprement dite. Et cependant il était interdit d'épouser la fiancée de son fils, celle de son père et aussi la mère de sa fiancée [4].

Celui qui était condamné pour adultère ne pouvait

1. Loi 17, cod. *de Nupt.* Inst. Just. I- X, § 6, 7.
2. Just. Inst. I-X, § 8.
3. Loi 2. cod. Théodos. *de Incest. nupt.*
4. Just. Inst. I-X, § 9, Loi 12, § 1, 2 — 14, § 5 in fine D. *de Rit. nup*

épouser la femme avec laquelle il l'avait commis[1].

Un homme divorcé d'avec sa femme ne pouvait épouser la fille que cette femme avait eue d'un second mariage : *sic Julianus scripsit*[2].

Le *contubernium*, impuissant à créer ni parenté ni alliance civile, faisait cependant obstacle au *connubium* entre les affranchis cognats[3].

Le fils ne pouvait épouser la concubine de son père.

« Qui si contra hoc fecerit, crimen stupri committit[4]. »

Le mariage de la mineure de vingt-six ans avec son tuteur ou curateur, ou leur fils et petit-fils était formellement défendu tant que le compte de tutelle n'était pas apuré[5], à moins cependant que l'empereur n'accordât une dispense[6]. Les textes nous offrent un curieux exemple de la sévérité de cette prohibition. La loi 67 au « Digeste *de Ritu nuptiarum* » suppose un tuteur qui a été contraint par l'action *tutela directa* à rendre ses comptes; le fils de ce tuteur désire épouser l'ex-pupille de son père, mais Triphoninus nous apprend qu'un tel mariage est impossible, le père même fût-il mort et son enfant lui eût-il oui ou non succédé. On ne peut avouer plus

1. Loi 13 D. *de his quæ ut indignis aufer.* XXXIV, 9.
2. Just. Inst. I-X, § 9.
3. Just. Inst. I-X, § 10.
4. Loi 5, cod. *de Nuptiis.* Le mariage était prohibé, dans le cas d'enlèvement, entre le ravisseur et la jeune fille, celle-ci s'y fût-elle ou non prêtée; il en était de même du rapt d'une veuve ou d'une religieuse. (Loi 1, cod. Th. *de Rapt.* — IX, 25 - - 1 Cod. *vel matr. Sanct.* IX, 25 — § 8 *de publ. Jud.* Inst. IV, 18.
5. Le tuteur avait pour rendre ses comptes une année utile à partir du jour où la jeune fille avait atteint sa vingt-cinquième année.
6. Lois 6 et 7, Cod. V, VI.

franchement sa répugnance pour les mariages entre personnes qui ont vécu, avec des intérêts opposés, dans la même famille ou sous la dépendance l'une de l'autre.

Que si, toutefois, le père de la jeune fille l'avait, avant de mourir, fiancée à son futur ou tuteur au fils de celui-ci; que si encore il avait exprimé dans son testament le désir que ce mariage se réalisât, la loi, respectant une convention préexistante ou la volonté du défunt n'empêchait plus alors la célébration des noces. Le mariage contracté en contravention aux dispositions qui précèdent, était dépourvu de tous effets légaux et faisait encourir au tuteur la peine de l'infamie[1].

Tout ce que nous venons de dire ne s'appliquait qu'aux tuteurs ou curateurs qui l'étaient bien réellement, mais non à ceux qui, usurpant le titre de tuteur ou curateur n'avaient été, en réalité, que de simples gérants d'affaires[2].

4° *Empêchements résultant de considérations politiques.* — Jusqu'à la loi *Canuleia* dont nous nous sommes occupés déjà, les *justes noces* étaient impossibles entre patriciens et plébéiens.

La loi des douze tables l'interdisait aussi entre ingénus et affranchis. Aussi fut-ce à titre de récompense exceptionnelle qu'on permit à l'affranchie *Hispala Fecennia* d'épouser un ingénu[3]. Cette prohibition subsista

---

1. Loi 66 D. *de Rilu nupt.* La mère de la pupille aurait pu cependant épouser valablement le tuteur ou le fils du tuteur de sa fille, loi 2 Cod. de *Interdic. matrim. tut. pup.* V, 6.

2. 8 Cod. — cod.

3. Tite-Live, livre XXXIX, cap. xix.

jusqu'aux lois *caducaires*. Mais ces lois, tout en autorisant les *justes noces* entre ingénus et affranchis, ne voulu-
rent point qu'un ingenu pût épouser une comédienne,
une prostituée, une entremetteuse, une femme adultère
condamnée, soit par un *judicio publico* soit, au dire de
Mauricien, par le sénat [1]. En outre elles défendaient
aux sénateurs et à leurs fils de prendre pour épouses non-
seulement les personnes que nous venons d'énumérer,
mais aussi les filles de comédiens et les femmes de leur
province. Justinien qui ne craignit pas de faire asseoir
à ses côtés, sur le trône impérial, la fameuse Théodora
prostituée de l'*Embolum* et fille d'un belluaire de cir-
que, ne craignit pas non plus de rayer d'un trait toutes
ces prohibitions [2].

Un gouverneur ne pouvait se marier avec une femme
domiciliée dans la province qu'il administrait. On
craignait avec raison qu'en s'alliant à des familles opu-
lentes, il n'acquît dans le pays une trop grande influence
et qu'il ne fût sollicité à en user pour son propre compte [3].
Il ne lui était pas défendu d'y prendre une concubine [4].
En effet, ici le danger n'était plus le même, puisque
la concubine se recrutait habituellement parmi les af-
franchies ou les femmes de mauvaises mœurs.

Le *connubium* enfin n'existait qu'entre citoyens romains. En conséquence en étaient privés et les latins et
les pérégrins, à moins qu'ils ne l'obtinssent par une con-

1. Ulp. *Reg.* titre XIII, § 2.
2. Loi 23, — Cod. *de Nupt.* Novelles 89 et 117.
3. Lois 38 et 63 de *Rit. nupt.* Loi 1. Cod. *si quæ præs. potes.*
4. Loi 5, D. *de Concubinis.*

cession spéciale [1]. Les latins, dont parle Ulpien dans ce
texte, ne pouvaient être que les *latins juniens* et les *latini coloniarii*; quant aux *latini veteres*, ils avaient le *jus
civitatis* depuis la fin de la guerre sociale [2]. Si, néanmoins, un citoyen romain épousait de bonne foi et la
croyant citoyenne, une latine junienne ou des colonies,
un tel mariage n'était pas absolument sans effet. En
étudiant l'*erroris causæ probatio*, sous le chapitre IV nous
verrons en effet que, dans ce cas, la bonne foi était
prise en certaine considération et qu'elle pouvait, au
besoin, servir à valider une union que le droit civil ne
reconnaissait pas.

1. Ulp, *Reg.* titre V, § 4.
2. Bien que les textes ne parlent point du *connubium* dans les
rapports de citoyens romains à barbares, nous pouvons cependant
affirmer par voie d'analogie, que l'incapacité qui frappait les simples
pérégrins devait frapper également et à plus forte raison ces peuples
à tous les points de vue odieux et objets d'une continuelle épouvante
En l'an 370, les empereurs Valentinien et Valens édictèrent la peine
de mort contre tout Romain qui épouserait une femme barbare.
(Loi unique *de Nupt. gent.* Code Th. III-14,) Justinien, tout en
maintenant la même prohibition n'a pas cru devoir la sanctionner
d'une façon si rigoureuse.

APPENDICE

Nous venons de voir à quelles conditions se formaient, à Rome, les *justes noces*. Il nous reste maintenant à poser et à débattre une question qui a soulevé, de nos jours, parmi les commentateurs du droit romain, de vives controverses et qui doit être pour nous l'objet d'un examen spécial.

On s'est demandé si, étant données comme remplies les exigences de la loi : *puberté, consentement, connubium,* cela suffisait pour rendre le mariage parfait, ou bien s'il fallait quelque chose de plus à sa perfection?... Telle est l'interrogation à laquelle nous nous proposons de répondre. Il ne sera pas inutile, au préalable, de présenter les opinions diverses émises sur ce point ; elles sont au nombre de trois :

Dans un premier système, on soutient que du moment où deux personnes pubères, dégagées de tout lien de parenté ou d'alliance, et dûment autorisées, sont convenues de se prendre réciproquement pour mari et pour femme, la convention est parfaite et l'union formée. D'après les partisans de ce système qui a trouvé dans M. Ducaurroy un éloquent interprète, le mariage, à Rome, se serait contracté *solo consensu,* indépendamment de toute cohabitation physique [1].

[1] Ducaurroy, tom. I, pag. 79 et 80.

M. Ortolan a prétendu, lui, que le consentement seul des parties ne faisait pas le mariage ; que ce contrat devait être classé parmi les contrats réels qui exigent la *tradition*. — D'après lui donc, pour que les *justes noces* fussent consommées ii était nécessaire qu'il y eût *tradition* de la femme au mari, mais non pas indispensable que la cohabitation eût lieu pourvu qu'elle eût pu se réaliser [1].

Enfin M. Demangeat a proposé un troisième système qui est aujourd'hui presque universellement suivi et enseigné. Il part de cette idée admise déjà par M. Ortolan que le *consentement* ne suffit pas à lui *seul* pour constituer le mariage, mais qu'il faut de plus une certaine *réalisation* de la volonté des parties, réalisation qui résulterait de la *deductio in domum* [2].

De ces trois systèmes, le dernier seul nous paraît soutenable. Quant au second nous l'écarterons pour deux raisons : 1° c'est d'abord qu'aucun texte ne range le mariage parmi les contrats réels, qu'aucun texte ne parle, en ce qui concerne la femme, de *tradition effective* ; 2° c'est aussi parce que cette tradition supposerait une prise de possession, et que Gaius dit en termes formels que la femme n'est pas un objet de possession [3]. Cette opinion une fois écartée, nous restons en présence de M. Ducaurroy et de ses partisans [4] qui ne voient dans

1. Ortolan, tom. II, pag. 99.
2. M. Demangeat. *Cours élém. de d-ait romain*, tom. I, pag. 233 et suiv.
3. Gaius C. II, § 90.
4. Cujas, *Paratti in libr. V*, tit. iv; Pothier *du Contrat de mariage*; Troplong, *de l'Influence du Christianisme sur le droit civil des Romains*.

le mariage qu'un contrat consensuel, de telle sorte
qu'il existe dès que les parties se sont mises d'accord.
Cette manière de voir s'appuie sur différents textes que
nous allons citer et réfuter tout à la fois.

La première loi que l'on invoque est une loi d'Ulpien, L. 15 D *de cond. et demonstr.* 33, 1, où il est dit :
« nuptias non concubitus sed consensus facit. » On en
conclut que le mariage existe dès qu'il y a consentement, et que la cohabitation est inutile. Cette interprétation ne nous semble pas exacte. Cette règle, en
effet, peut avoir deux sens. Elle peut signifier qu'il peut
y avoir cohabitation sans qu'il y ait mariage. Dans
le sens inverse, elle peut signifier aussi que le mariage
existe lors même qu'il n'y aurait pas cohabitation. C'est
évidemment cette seconde hypothèse que le jurisconsulte
a en vue. Pour s'en convaincre il suffit de prendre la
loi dans son ensemble : le cas prévu est celui d'un legs
fait à une personne sous condition qu'elle se mariera
dans telle famille. Or la condition est réputée accomplie *statim atque ducta est uxor*, c'est-à-dire dès que
par la *deductio in domum* il y a eu réalisation de consentement et *quamvis nondum in cubiculum mariti
mulier venerit*, car, ajoute le texte, « nuptias non concubitus sed consensus facit. » Qu'est-ce à dire sinon
qu'il y a mariage toutes les fois que la *deductio* est ve-
nue corroborer le *consentement* et sans qu'il soit besoin
que la femme soit entrée dans le lit conjugal. L'opposition n'existe qu'entre les mots *cubiculum* et *concubitus*
d'une part, et le mot *consensus* d'autre part. Voilà, à
notre avis, la véritable portée de cette loi, portée que

nos adversaires n'ont pas aperçue parce qu'ils n'ont pas pris garde que certains textes sont indivisibles et qu'on risque fort d'en dénaturer le sens quand on les morcelle et qu'on en détache un lambeau pour habiller son opinion.

On se base également sur la loi 11 D *de Sponsalibus* : « Sponsalia sicut nuptiæ, consensu contrahentium fiunt; et ideo sicut nuptiis, ita in sponsalibus filiamfamilias consentire oportet. » Nous ne voyons pas en quoi cette loi est plus favorable que la précédente au système que nous repoussons. Elle pose en principe la liberté du consentement et ne veut pas que la jeune fille puisse être contrainte à accepter un fiancé pas plus qu'elle ne pourrait l'être à prendre un mari. Chercher autre chose dans la loi, ce n'est plus l'interpréter, c'est la faire.

Enfin, comme troisième argument de texte, on a mis en avant la loi 66 *princ. de don. inter vir. et ux.* L'argument est tiré de ces mots « itaque nisi ante matrimonium contractum, quod consensu intelligitur. » Voici l'hypothèse à laquelle ces expressions se rattachent : Seia doit épouser Sempronius; le jour est pris; mais la *deductio* n'est pas faite et les conventions dotales ne sont pas encore signées. Dans ces conditions, Seia fait une donation à Sempronius. Quel sera le sort de cette donation? — Le jurisconsulte répond qu'il était inutile d'indiquer dans la question s'il y avait eu *deductio in domum* ou *consignatio tabularum*, puisque souvent ces deux faits se produisent après le mariage qui existera du jour où les parties l'auront voulu. Si la loi se bornait à faire cette hypothèse et à la résoudre comme nous venons de le voir, nous nous avouerions certainement embarrassé. Heureusement le § 1ᵉʳ vient à notre secours en fournissant un argument de plus à la doctrine que nous défendons. Scœvola suppose ici : que trois jours avant le jour fixé pour le mariage, la jeune fille a été conduite dans une maison de campagne et installée dans un pavillon séparé. Le jour des noces, *priusquam ad maritum transierit* et avant qu'elle n'eût été reçue *aqua et igni*, c'est-à-dire avant la célébration du mariage, le mari lui fait donation de dix sous d'or. On demande alors, si, le divorce ayant eu lieu après le mariage contracté, le mari est en droit de répéter la somme qu'il a donnée? Non, répond-on, le mari ne saurait retenir sur la dot la libéralité par lui faite, cette libéralité ayant précédé le mariage. De ces deux hypothèses résulte-t-il que le mariage se forme *solo consensu?* Il serait au moins téméraire sinon impossible de le soutenir. Scœvola a voulu indiquer là les deux conditions nécessaires à la validité des noces : consentement et possibilité de la vie commune. Ce qu'il a voulu dire : c'est que : « La *deductio in domum mariti* est un fait qui ordinairement révèle et la volonté des parties d'être mariées et la possibilité de la cohabitation, qui par conséquent est concomitant à la formation du lien appelé *mariage* ; mais il peut très-bien arriver, suivant les circonstances que ce mariage commence sans qu'il y ait eu *deductio* ou *vice versa*, que le mariage ne commence qu'après un certain temps écoulé depuis la *deductio*[1]. »

1. M. Demangeat, *Cours élem. de droit romain*. tom. I, page 238,

Tels sont, en résumé, les principaux arguments sur lesquels repose le premier système. Nous croyons en avoir démontré le peu de consistance. Aussi bien, sans insister davantage sur cette controverse, d'un intérêt d'ailleurs purement théorique, allons-nous passer immédiatement à l'exposé des raisons qui nous ont fait adopter l'opinion de notre savant maître M. Demangeat, opinion qui, je le répète, ne trouve plus aujourd'hui qu'un petit nombre de contradicteurs.

Les textes que nous pourrions citer à l'appui de notre doctrine sont nombreux, mais nous nous contenterons de rappeler les plus importants.

En première ligne, c'est Paul qui pose la règle suivante: « Vir absens uxorem ducere potest, femina absens ducere non potest. » (*Sent.*, l. II, tit. XIX, § 8.) L'homme absent peut se marier, la femme ne le peut pas. Cette différence serait inexplicable si le mariage se formait *solo consensu*. Elle est toute naturelle, au contraire, si l'on admet, comme nous, que la *deductio in domum mariti* est un des éléments constitutifs du mariage.

Pomponius est plus explicite encore dans la loi 5 D. *de rit. Nupt.* Il est bien vrai, dit-il, qu'une femme peut

2ᵉ édit. — C'est aussi l'avis de M. Accarias : « Tout ce qui résulte clairement de ce texte, dit-il, c'est qu'en cas de présence des parties le mariage commence au moment où elles le veulent; si l'on rédige un *instrumentum nuptiale*, ou s'il y a une *deductio in domum*, il est possible que l'accomplissement de ces faits marque l'instant précis où le mariage doit commencer; il est possible aussi qu'on le fasse commencer soit avant soit après; c'est là une question d'intention. » (Accarias, *Précis de droit romain*, tom. 1, page 153, note 2.)

soit par *lettres*, soit *per nuncium*, faire connaître à son
mari qu'elle consent à l'épouser pourvu que *in domum
ejus deduceretur*. Mais si c'est elle qui est absente, la
même ressource n'est plus offerte au mari, car c'est chez
lui et non chez sa femme que la *deductio* doit être faite,
la maison du mari étant le *domicilium matrimonii*.

Dans la loi suivante, au même titre, Ulpien rapporte
une décision de Cinna qui n'est autre qu'une application
de la règle qui précède. Une femme s'est mariée à
un homme qui était absent et elle a été conduite au
domicile de son mari. Celui-ci meurt avant son retour:
a femme doit-elle le pleurer? Oui, sans nul doute, puisque la *deductio* ayant eu lieu, le mariage est parfait.
Ce qui revient à dire que s'il n'y avait pas eu *deductio*,
la femme ne serait pas obligée de porter le deuil, car
il n'y aurait pas mariage. On a bien objecté que le
mot *accepit* s'était glissé par inadvertance dans la loi.
Mais comme cette supposition est purement arbitraire,
et que rien n'indique d'ailleurs une altération de texte,
nous devons le prendre tel qu'il est. Il faut remarquer
aussi que cette loi est en harmonie parfaite avec la loi 7
D *de rit. Nupt.*, où il est dit par Paul qu'une femme
peut être veuve et néanmoins vierge.

Il nous semble qu'on pourrait encore, mettant en
parallèle les *justes noces* et le *concubinat*, raisonner
ainsi: Il est indiscutable que le concubinat ne se
forme pas *solo consensu*[1]; or, si les justes noces se formaient *solo consensu*, cette différence n'eût certaine-

1. En sens contraire voir M. Accarias, *Précis de droit romain*,
tom. I, p. 153, note 1.

ment pas manqué d'être indiquée. Ne l'ayant pas été[1], on peut en conclure, que de même que le *concubinat* les *justes noces* supposent autre chose que le simple consentement.

Enfin, de la façon particulière dont le mariage se dissolvait *ipso jure* dans un certain cas, on peut encore tirer un argument en faveur de notre thèse. A Rome, le mariage crée, avant tout, un état de fait auquel sont subordonnés tous ses effets juridiques. Ainsi nous verrons sous le chapitre IV que la captivité de l'un des époux, dissolvait leur mariage. Le mari était-il fait prisonnier, son mariage était rompu[2] et sa femme, eût-elle même continué à habiter la maison commune, pouvait convoler à de secondes noces[3]. Mais si nous supposons que les deux époux soient faits prisonniers et vivent ensemble durant leur captivité; s'ils reviennent à Rome, par l'effet du *postliminium*, leur mariage sera considéré comme n'ayant jamais cessé d'exister[4]. Que conclure de là? que du moment où la seule volonté est impuissante à maintenir le mariage, elle est également insuffisante pour le créer, et que si la possibilité d'une cohabitation physique est nécessaire à son maintien, elle doit l'être également et à plus forte raison pour sa formation.

1. Paul. *Sent.* liv. II, tit, xx. — Loi 3, D. *de Concub.*
2. Loi 1, D. *de Divort.* 24, 2.
3. Loi 12, D. § 4, *de Captiv. et Postlim.* 49, 15.
4. Loi 25, D. eod. C'est pour cela que le mari était fondé à poursuivre sa femme pour adultère commis par elle chez l'ennemi. Loi 13, § 7, *ad leg. Jul. de adult.* D. 58, 5.

CHAPITRE III

I. — Des effets des justes noces. — II. Puissance paternelle. — III. Puissance maritale. — *Manus*. — IV. Des droits et des devoirs respectifs des époux. — Adultère.

I. — La nature, les conditions et les formalités des justes noces nous étant connues, nous devons en rechercher les effets. Ce ne sera pas la partie la moins curieuse de notre étude, car elle va nous ouvrir les portes de la famille romaine. Dans l'intérieur de la maison et au premier rang, nous allons trouver le *paterfamilias*, prêtre et magistrat auquel tout est soumis et dont l'autorité est absolue. Il tient en main sa femme, ses enfants et ses petits-enfants. « Seul il est en communication avec les dieux ; car il accomplit seul les *sacra privata* ; comme maître il dispose des forces et de la vie de ses esclaves, comme époux, il condamnera sa femme à mort si elle fabrique de fausses clefs et viole la foi promise ; comme père, il tuera l'enfant né difforme et vendra les autres jusqu'à trois fois avant de perdre ses droits sur eux. Ni l'âge, ni les dignités ne les émanciperont ; consuls ou sénateurs ils pourront être arrachés de la tribune et de la curie, comme ce sénateur complice de Catilina qui fut tué par son père [1]. » On peut dire du *paterfamilias* ce qu'on disait autrefois chez nous du mari admi-

---

[1] V. Duruy, *Histoire romaine*, pages 31 et 33.

nistrateur de la communauté; qu'il est *seigneur et maître*.

A ses côtés, son épouse, la *materfamilias* qui a le titre d'*uxor*. Elle n'est pas inférieure à son mari puisqu'elle prend son rang et partage ses dignités; mais de la *patria potestas* elle n'a rien. Son rôle dans la maison se borne à s'occuper de l'éducation de ses enfants et des soins du ménage. Elle commande aux esclaves attachés aux services domestiques. Là s'arrête son autorité. Nous verrons dans un instant qu'elle se trouvait elle-même la plupart du temps dans un rapport de dépendance vis-à-vis de son mari, rapport qui la plaçait à l'égard de celui-ci *loco filiæ*.

Tels sont les effets principaux du mariage : Création et organisation de la famille, puissance paternelle, puissance maritale, communauté d'existence et de domicile, droits et devoirs respectifs des époux.

II. *Puissance paternelle.* — Nul doute que la *puissance paternelle* n'ait son origine dans le mariage. D'une part en effet il n'est traité des *justes noces* aux Instituts de Justinien qu'à l'occasion des faits qui font acquérir cette puissance [1]. D'autre part, les unions irrégulières *concubinat, mariage du droit des gens, contubernium, stuprum* n'engendraient jamais la puissance paternelle qui était de pur droit civil [2]. La loi française s'est montrée éminemment protectrice pour les enfants. Elle

1. Justinien, *Inst.* titre IX, princip. et § 3. — Gaius *Com.* I, § 53. Ulpien, lib. I, *Institut.*
2. Justinien, *Inst.* titre IX, § 2 et Gaius, *Com.* I, § 53, 2ᵉ alinéa.

n'a pas voulu que l'autorité capricieuse du père pût arbitrairement et sans contrôle disposer de leur personne.
Aussi les a-t-elle affranchis de cette autorité à partir de
leur majorité ou de leur émancipation [1]. Bien plus, elle
a réglementé le droit de correction qu'elle attribue au
père [2]. Celui-ci ne peut l'exercer qu'en se conformant
aux prescriptions de la loi et dans une certaine limite [3].
Enfin, et c'est ce qui prouve qu'elle envisage la puissance paternelle comme étant bien plutôt de droit naturel que de droit civil, elle met sur la même ligne les
enfants nés hors mariage dont la filiation est légalement
établie et les enfants légitimes [4].

Les Romains étaient partis d'une autre idée, d'une
idée toute politique. Comme le fait très-bien remarquer
M. Accarias : « La loi veut assurer la conservation des
idées religieuses par l'unité de culte privé, la conservation des fortunes par l'unité de patrimoine, enfin la
conservation des mœurs et des traditions nationales par
la souveraineté d'une seule volonté [5]. » Pour atteindre
ce résultat dont la réalisation devait donner à Rome
l'empire du monde, il fallait armer le père d'une autorité absolue, centraliser entre ses mains tous les pouvoirs, en un mot le faire régner sur sa famille comme
un roi règne sur son peuple [6]. Nous ne serons donc

1. Art. 372, *Code civil.*
2. Art. 375, cod.
3. Art. 376, 377 et suivants, *Code civil.*
4. Art. 383, eod.
5. M. Accarias, *Précis de Droit romain,* tom. I, page 153.
6. « L'organisation de la famille, dit Berriat Saint-Prix, tendait
à donner plus de force au gouvernement. Il lui suffisait de s'assu-

plus étonnés de voir la puissance paternelle organisée tout entière à son profit et réservée aux seuls citoyens romains [1]. On ne s'expliquerait pas de nos jours qu'un père pût avoir sur son enfant un véritable droit de propriété, ni le traiter comme une chose qui soit dans le commerce et dont il ait la libre disposition. C'est cependant ce que les Romains trouvaient tout naturel. Les textes sont trop formels pour que nous puissions en douter un instant. L'enfant pouvait être revendiqué [2]; il pouvait faire l'objet d'un vol [3], il pouvait être également vendu [4], abandonné, mis à mort [5], tout cela au gré du père et sans qu'une loi intervînt pour le protéger et lui rendre sa personnalité !

Cependant, le progrès qui est la loi générale des nations et la civilisation qui est la conséquence nécessaire du progrès, devaient apporter et apportèrent en effet un adoucissement à la condition privée et sociale des enfants. Un principe politique qui peut être bon et applicable dans une république, cesse de l'être dès que ce gouvernement s'est transformé et que le pouvoir d'un seul s'est substitué au pouvoir de tous ou de quelques-uns. De plus, les idées et les pratiques religieuses subissent, elles aussi, l'influence du temps et tendent à s'affaiblir en vieillissant; elles disparaissent tout à fait quand

rer la soumission des pères de famille, pour diriger à son gré la masse entière de la nation. (*Notes sur le Code civil.*)

1. Justinien. *Instit.* I, titre ix, § 2. Gaius, *Com.* I, § 55, 2ᵉ alinéa.
2. Loi I, § 2. D. *de Rei. vindic.*, VI, 1.
3. Justinien, *Inst.* IV, 1, § 9.
4. Gaius, *Com.* I, § 112.
5. Heinnecius, *Notes sur Vinnius.* Tite-Live, VIII, 7. Salluste, Catilin. 39.

des idées et des pratiques plus jeunes viennent leur faire contre-poids. L'amélioration du sort des enfants chez les Romains provint de deux causes : de la désuétude où étaient tombées les *sacra privata*, le culte du foyer, et de l'intervention des empereurs dans l'*administration judiciaire* de la famille. La première prérogative attachée à la puissance paternelle, la plus exorbitante, la plus opposée aux idées chrétiennes qui commençaient à avoir cours, le droit de vie et de mort disparut de bonne heure [1]. Le temps de la magistrature domestique est passé : plus de tribunaux privés, plus d'exécutions sommaires! Désormais le père qui voudra infliger à son enfant une punition qui excéderait les bornes d'une répression ordinaire, ne pourra le faire sans recourir au président ou au préfet de sa province [2]. Que s'il ne se conforme pas à cette prescription et qu'il se fasse, comme par le passé, le haut justicier et le bourreau, la loi ne verra plus en lui un père exerçant ses droits de puissance, mais un homme tuant un autre homme, un meurtrier ou un assassin; c'est la peine du parricide qui vengera le sang répandu [3]. Enfin le moment viendra où le fils mineur qui aura manqué à ses devoirs sera jugé, non plus par son père seul mais par

---

1. L'empereur Trajan contraignit un père qui traitait trop inhumainement son fils à l'émanciper. (Loi 5. D. *si a parent. quis manumissus.*) Adrien condamna à la déportation un père qui avait tué son fils à la chasse, encore bien que ce fils fut coupable d'adultère avec sa belle-mère. (Loi 5. D. *de leg. Pomp. de parricidiis.*)

2. Loi 2. D. *ad leg. Corn. de Sic.* — Lois 3 et 4, cod. *de Patria potest.*

3. Loi uniq. Cod. *de his qui parent. vel liber. occiderunt,* IX, 17.

une sorte de conseil de famille composé de parents âgés, *senioribus propinquis* [1].

Deux mots, pour terminer, sur le *jus exponendi* et le *jus vendendi*. Le *jus exponendi* paraît remonter à la fondation de Rome et s'être maintenu jusqu'aux empereurs chrétiens sans qu'une voix s'élevât pour protester contre tout ce qu'il y avait en lui d'odieux et de criminel. Constantin décida que l'enfant exposé passerait de la puissance de son père naturel sous la puissance de la personne qui l'aurait élevé et recueilli [2]. En l'année 374, Valentinien Ier déclara passible de la peine de mort celui qui menacerait de faire périr un jeune enfant [3]. Sous Justinien, tous les enfants abandonnés sont traités en hommes libres quelle que soit leur extraction. — Le *jus vendendi* est évidemment fort ancien aussi. La loi des Douze tables contenait une disposition à cet égard; il y était dit : « Si pater filium ter venumduit, liber esto. » Cette vente s'appelait *mancipatio*, et l'enfant ainsi vendu était *in mancipio*, c'est-à-dire *servorum loco*. Toutefois il ne faudrait pas croire que l'assimilation du mancipé à l'esclave fût complète; non. Le mancipé restait presque libre dans l'ordre politique et la loi le protégeait contre les mauvais traitements en lui permettant de poursuivre par l'action d'injure l'auteur des excès dont il aurait eu à souffrir [4]. Tant que dura la République, il ne semble pas que ce droit de vente ait subi une mo-

1. Loi uniq. Cod. *de Emendatione propinquorum*, IX, 13.
2. 1. Cod. Théod. *de Inf. expos.*
3. Loi. 8, D. *ad leg. Corn. de Sicariis*, XLVIII, 8.
4. Gaius, *Com. I, § 141*.

dification ou une restriction quelconque. Mais au temps de Gaius la mancipation n'était plus sérieuse ; elle n'avait plus lieu que dans le cas d'émancipation ou d'adoption et comme moyen détourné pour arriver à ces deux actes. On y recourait encore dans la *deditio noxalis*, quand le père, responsable du délit de son fils, abandonnait celui-ci à la partie lésée afin d'échapper à l'obligation de payer la peine. La vente, le plus souvent fictive, était cependant quelquefois réelle, et faite moyennant un prix. Le père qui avait peu ou point de fortune et beaucoup d'enfants, vendait ceux-ci pour alléger ses charges et augmenter ses ressources. L'empereur Caracalla déclara ce commerce illicite et improbe [1]. Dioclétien et Maximien l'interdirent expressément [2]. Mais Constantin dut rapporter cette constitution ; l'aliénation du fils de famille fut de nouveau permise, à condition qu'elle n'eût lieu que dans le cas d'une extrême misère et au moment de la naissance [3].

III. *Puissance maritale.* — A Rome, les justes noces n'engendraient jamais directement ni nécessairement la puissance maritale. A la vérité, elle accompagnait presque toujours le mariage, mais née d'un fait absolument

1. Loi 1. Cod. *de lib. caus.*, VII, 16.
2. Loi 1. Cod. *de patribus qui filios*, IV, 43.
3. Loi 1. Cod. Théod. *de his qui sang.* — La puissance paternelle s'étendait également sur les biens de l'enfant. Nous nous abstiendrons d'en parler parce que le cadre de notre travail se trouve circonscrit par le titre même, que nous étudions, titre qui est renfermé dans le livre 1er des *Instituts* de Justinien où il n'est question que de l'état des personnes et que nous ne voulons pas entrer dans des développements qui dépasseraient le but que nous nous sommes proposé.

étranger et d'une solennité toute spéciale. Cette puissance s'appelait *manus*. La femme qui y était soumise
était *in manu mariti*, c'est-à-dire sous la main de son
mari, absolument comme une fille de famille *loco filiæ*.
Quant au sens primitif du mot *manus*, il est assez difficile de le découvrir. « Les commentateurs en font l'expression de la force matérielle, dit M. Fustel de Coullanges, comme si la femme était placée sous la main
brutale de son mari. Il y a grande apparence qu'ils se
trompent. La puissance du mari sur la femme ne résultait nullement de la force plus grande du premier. Elle
dérivait, comme tout le droit privé, des croyances religieuses qui plaçaient l'homme au-dessus de la femme.
Ce qui le prouve, c'est que la femme qui n'avait pas été
mariée suivant les rites sacrés et qui par conséquent
n'avait pas été consacrée au culte n'était pas soumise à
la puissance maritale [1]. » Aussi pensons-nous que la
manus ne dut exister dans les temps très-reculés qu'au
profit des patriciens et qu'elle résultait alors de la *con-
farréation*. Mais, comme nous allons avoir à le constater, cette puissance produisant des effets considérables,
il n'était pas indifférent à la classe exclue des mariages
religieux de l'acquérir de quelque manière que ce fût.
Nous croyons même que le mariage *per æs et libram* ne
fut inventé que pour permettre aux plébéiens d'obtenir
ce résultat. Voilà pourquoi les textes nous apprennent
que la *manus* s'établissait *confarreatione, coemptione,
usu*.

1° *Confarreatione*. Ce fut le premier moyen trouvé

1. Fustel de Coullanges, *Cité antique*, page 97.

pour investir le mari de la *manus*; ce fut aussi le premier qui disparut. Tacite nous apprend qu'au temps
de Tibère il eût été très-difficile de rencontrer à Rome
trois patriciens issus *ex confarreatis nuptiis*, et il en
donne pour raisons: l'oubli des cérémonies religieuses,
la répugnance des femmes *sui juris* à faire l'abandon de
leur liberté et celle des pères de famille à abdiquer
leur puissance au profit d'autrui. C'est probablement
la cause qui fit rendre un sénatus-consulte aux termes
duquel l'épouse du Flamine de Jupiter garderait la
condition qu'elle avait avant son mariage. Cet avantage
s'explique par l'obligation imposée aux prêtres de Jupiter de se marier et de ne pouvoir divorcer. Il fut
étendu peu de temps après à toute union contractée
confarreatione. Aussi bien à l'époque de Gaius, la *confarreatio* n'était plus, à vrai dire, un mode d'acquisition de la *manus*. Rappelons, en terminant, que les
Flamines majores, id est Diales, Quirinales, ne pouvaient
être choisis que parmi les personnes nées *ex confarreatis nuptiis*[1].

2° « *Coemptione* in manum conveniunt per mancipa-
tionem,» dit Gaius[2]. La mancipation était une vente
faite par les parties en présence de cinq témoins, tous
majeurs et citoyens romains, d'un *libripens*[3] et de la
femme, objet du marché. Cette mancipation, du reste, ne
différait de la mancipation ordinaire que par les pa-

---

1. Gaius, *Com.* I, § 112.
2. Gaius, *Com.* I, § 113.
3. C'était un individu qui tenait à la main une balance avec laquelle il était censé peser la chose vendue et le prix de cette chose.

roles prononcées par l'acquéreur et qui avaient pour effet d'empêcher que la femme ne se trouvât placée *in servili causa* [1]. Si la femme était *sui juris*, elle se mancipait elle-même; dans le cas contraire elle était mancipée par son père. Cette manière d'acquérir la *manus* dut incontestablement dans le principe être propre aux plébéiens, mais elle dut aussi se généraliser quand les mariages furent permis entre les deux ordres et surtout quand l'usage de la *confarreatio* eut commencé à se perdre.

3° L'*usus* correspond à la *coemptio* : « ce sont deux formes d'un même acte. Tout objet peut être acquis indifféremment de deux manières, par achat ou par usage; il en est de même de la propriété fictive de la femme [2]. » La loi des Douze tables avait, paraît-il, offert à l'épouse un moyen d'interrompre cette usurpation. Elle n'avait qu'à découcher trois nuits de suite dans la même année : de cette façon elle échappait à la *manus* [3]. Du reste pas plus que la *coemptio*, l'*usus* ne créait l'union morale entre les époux : elle était un fait postérieur au mariage n'établissant qu'un lien de droit. Mais à l'époque où écrivait Gaius la *manus* n'existait plus qu'en souvenir; « hoc totum jus partim legibus sublatum est, partim ipsa desuetudine obliteratum est [4]. »

1. Gaius, *Com.* I, § 123.
2. Fustel de Coullanges, *Cité antique*, page 376.
3. Gaius, *Com.* I, § 111, Aule-Gelle, III, 2.
4. Gaius, *Com.* I, § 111, *in fine*. — C'est peut être la place de signaler une erreur qui s'est glissée dans certains ouvrages et qui consiste à envisager ces modes d'acquérir la puissance maritale, comme de véritables modes de mariage. Ainsi dans son *Répertoire de législation*, tome 31, page 111, M. Dalloz ayant à faire l'étude historique du mariage dans l'antiquité, s'exprime ainsi : « A Rome

Quant aux effets de la *manus* ils découlent tous, par voie de conséquence, de cette situation originale de la femme dans ses rapports avec son mari, vis-à-vis duquel elle est, nous le savons déjà, *loco filiæ*. Ainsi par suite de son nouvel état tous les liens qui l'unissaient à sa famille naturelle se trouvent brisés ; tous les droits qu'elle pouvait y avoir, droits d'agnation, droits de succession, elle les perd. Mais en revanche, et à titre de compensation, elle vient s'absorber elle et ses biens, dans la famille de son mari [1]. Il en résulte que si celui-ci, qui a désormais sa femme pour *hæres sua*, a fait un testament avant l'acquisition de la *manus* il doit le refaire *quia irritum fit* [2]. Il arrivera aussi que la femme devenue la petite-fille du père de son mari et la sœur de ses propres enfants, aura dès lors des droits à la succession de ces derniers et que ceux-ci, réciproquement, en auront à la sienne.

Bien que le divorce n'emportât pas de plein droit la dissolution de la puissance maritale, il mettait néanmoins le mari dans la nécessité légale d'en affranchir sa femme [3]. La *manus* avait-elle été acquise *confarrea-*

---

le mariage pouvait s'opérer de trois manières différentes 1° *Confarreatione*, 2° *Coemptione*, 3° *Usucapione*. Cette opinion est contredite par les textes de la façon la plus formelle. Il suffit, en effet, de lire les §§ 110 et 111 et suivants du *Commentaire* I de Gaius pour être convaincu que les Romains n'ont jamais regardé l'*Usus*, la *Coemptio* ni la *Confarreatio* comme des modes de mariage, mais seulement comme des moyens d'acquérir la puissance maritale : *Olim tribus modis in manum feminæ conveniebant ; usu, etc...*

1. Gaius, Com. 3, § 83.
2. Gaius, Com. 2, §§ 139 et 159.
3. Gaius, Com. 1, § 137.

tione, elle se dissolvait par une cérémonie lugubre appe-
lée *diffarcatione*. L'avait-elle été *coemptione vel usu?*
on procédait à une nouvelle mancipation qui, cette
fois, était suivie d'affranchissement. C'est ce que l'on
peut induire, du moins, tant d'un texte de Gaius assez
mutilé, il est vrai [1], que de l'analogie de la *manus* avec
la puissance paternelle.

Deux causes principales apparaissent comme ayant
dû entraîner la disparition de la puissance maritale.
D'une part, le divorce qui offrait toujours à la femme
le moyen de s'y soustraire ; d'autre part, la bizarrerie
d'un échange de famille qui s'expliquait encore (dans
le droit primitif quand la religion défendait que la
même personne fît partie de deux *gentes*, sacrifiât à
deux foyers, et fût héritière dans deux maisons [2]),
mais qui parut une anomalie à mesure que la rigueur de
la loi civile fit place aux sentiments de justice et d'égalité.
Les préteurs les premiers donnèrent l'exemple des ré-
formes en créant les possessions de biens *unde vir et
uxor et unde cognati* [3]. Après eux vinrent les sénatus-
consultes *Orphitien* et *Tertullien* [4], puis enfin l'action *rei
uxoriæ* [5] qui acheva de faire disparaître la *manus*, rendue
désormais inutile. Trois cents ans après Jésus-Christ,
cette puissance maritale disparue avec la vieille société
romaine, n'appartenait plus qu'au domaine de l'histoire.

1. Gaius, § 137.
2. Fustel de Coulanges, *Cité antique*, page 376.
3. Voir au *Digeste*, liv. XXXVIII, titre 8, au *Code*, liv. VI, titre 15,
aux *Instituts*, liv. III, titre 5. Voir aussi au *Dig.* liv. XXXVII, tit. 11
et au *Code*, liv. VI, titre 18.
4. Voir au code, 6, 57 et 6, 56.
5. Code, 5, 13,

IV. § 1. — La femme, en France, prend la condition, le rang et le domicile de son mari [1]. Il y a entre elle et lui communauté d'existence. A Rome, le mariage établissait aussi entre les époux une *societas vitæ*. De telle sorte que l'*uxor* était tenue d'habiter sous le même toit que son mari [2] et il lui était permis d'y demeurer encore quand elle devenait veuve jusqu'à ce qu'elle eût acquis un autre domicile par un second mariage [3]. Si le père de la femme la retenait chez lui et refusait de la remettre à son mari *de uxore exhibenda a marito recte convenitur* [4]. Toutefois cet interdit n'était donné qu'autant que la femme était retenue *malgré elle, si invita retinetur uxor tua*, dit le texte [5]. Faudrait-il donc conclure de là que si la femme refusait de cohabiter avec son mari, celui-ci n'avait aucune action pour l'y contraindre?

L'argument *a contrario* tiré de la loi qui précède semble favorable à cette interprétation. Mais, d'un autre côté, la loi 32 *ad municipalem*, rapportée plus haut, pose en principe que la jeune fille, tant qu'elle n'est que fiancée, n'a d'autre domicile que le sien. C'est dire implicitement que dès qu'elle est mariée, elle quitte son domicile propre pour prendre celui de son mari. Ces deux textes sont-ils en contradiction? En apparence peut-être, mais en réalité nous croyons qu'ils peuvent être conciliés facilement à l'aide de la distinction suivante : Ou, en se mariant, la femme est restée dans

1. Code civil, art. 12, 108, et 215.
2. Loi 32, D. *ad municip.*, L, 1. — Voir aussi la loi 5, D. de *Rit. nupt.*
3. Loi 22, eod.
4. Loi. 2, D. *de lib. exhibend.*, XLIII, 30.
5. Loi 11, eod. de *Nuptiis.*

sa famille et sous la puissance de son père, ou, au contraire, elle est tombée *in manu mariti*.

Dans le premier cas deux hypothèses sont possibles : — 1° La femme habite avec son mari, mais le père exige que sa fille lui soit remise par son gendre. Celui-ci opposera alors à son beau-père une exception qui aura pour effet de paralyser l'action *ad exhibendum* [1]. Toutefois, comme le père a toujours le pouvoir de dissoudre le mariage, il sera bon, dit le jurisconsulte, d'user de ménagements pour l'engager par les voies de la douceur et de la persuasion à ne point exercer à la rigueur son droit de puissance paternelle [2]. — 2° La femme demeure chez son père et résiste à venir habiter avec son mari. Ce dernier se trouvera alors dans l'impossibilité d'agir ; l'exception lui est refusée parce qu'il n'y a pas d'action à paralyser ; l'action, il ne l'a pas davantage car il ne peut l'exercer que si sa femme est retenue, *malgré elle*, et c'est précisément la volonté contraire qui se manifeste.

Dans le second cas, le père a fait abandon de sa puissance à son gendre, il ne saurait donc être fondé à réclamer sa fille sur laquelle il n'a plus aucun droit. D'un autre côté, le mari qui est devenu propriétaire de sa femme à peu près comme il l'est de ses enfants, peut l'obliger par tous moyens légaux, par la force même, à demeurer avec lui. Qu'elle le veuille ou ne le veuille pas, il aura toujours pour l'y contraindre une action directe en revendication que rien ne saurait empêcher.

1. Loi 1, § 5, D. *de lib. exhibend.*
2. Même loi, *in fine.*

Le silence ou l'ambiguïté des textes à cet égard n'ont rien de surprenant si l'on songe qu'ils ont été remaniés et coordonnés à une époque où la puissance maritale n'existait plus même de nom et où la puissance paternelle avait perdu la plupart de ses énergiques effets.

§ 2. — Assistance, secours, fidélité mutuels, protection de la femme par le mari, obéissance de la femme au mari, tels sont les droits et devoirs respectifs des époux. Ils ont leur origine dans l'ordre moral et la loi positive n'a fait que les rappeler en les sanctionnant. Les Romains attachaient d'autant plus d'importance à l'observation rigoureuse de ces principes naturels, qu'en les érigeant en règle de droit, ils en avaient fait pour ainsi dire une ligne de démarcation entre l'épouse légitime, l'*uxor*, la *materfamilias* et la concubine. Tandis que dans les unions irrégulières les obligations réciproques de *conjoints* sont purement morales, dans les justes noces elles trouvent un appui dans les lois qui, le cas échéant, se chargent de les faire exécuter. C'est ainsi que la révérence, que le respect dû au mari est imposé à la femme sous peine d'infamie [1]. La femme, avons-nous dit, doit être protégée par son mari : elle doit en outre être secourue par lui quand une infirmité, même momentanée vient la frapper, assistée lorsqu'un danger la menace, et en toutes circonstances respectée et traitée avec honneur. Ulpien suppose qu'une femme est tombée en démence et, qu'au lieu de lui prodiguer les soins que réclame son état, son mari la laisse dans l'aban-

1. Loi 11, § 1, D. *de Solut. matrim.* et lois 10 et 11, § 1, *de his qui not. infam.*

don [1]. Dans ce cas, dit-il, le curateur nommé, ou s'il n'y en a pas, les cognats de la femme, assigneront le mari devant le juge compétent afin de l'obliger judiciairement à fournir à la malade des secours alimentaires et pécuniaires dans une proportion relative à l'importance de la dot. Que si cette dot est manifestement en danger, elle sera séquestrée tout entière au profit de la femme et pour ses besoins personnels. — Le mari qui laisse impuni le meurtre de son épouse est privé de la dot qu'il a reçue d'elle ; c'est au fisc qu'elle passe [2]. Si c'est lui-même qui est le meurtrier, ce n'est plus le fisc qui prend la dot, mais ce sont les héritiers de la victime qui ont le droit de l'exiger [3]. La même peine frappe le mari qui après avoir favorisé ou approuvé les mauvaises mœurs de sa femme, la répudie [4].

§ 3. — Nous sommes arrivés à l'obligation que la loi sanctionne avec le plus d'énergie, l'obligation de fidélité. La violation de cette obligation constitue le crime d'adultère. Nous aurons à examiner à ce sujet : — 1° Quels sont les faits qui constituent l'adultère. — 2° Par qui il peut être commis. — 3° Par qui il peut être poursuivi, en quelles formes et dans quels délais. — 4° Enfin quelles sont les peines qui atteignent les époux coupables d'adultère.

1. *Spernit autem infelicitatem uxoris et non ad eam flectitur.* Loi 22, § 8, D. *de Solut. matrim.*
2. Loi 27, D. *de Jure fisci.*
3. Loi 10, § 1, D. *de Solut. matrim.*
4. Loi 17, D. *de Solut. matrim.* — Indépendamment de ces peines pécuniaires, le mari auteur du meurtre ou coupable de *lenocinium* subissait des peines corporelles très-fortes.

(*a*) Dans un sens très-large l'adultère est le manquement à la foi promise[1]. Le mot adultère, *adulterium* en latin, vient du mot *alter*, *propter partum ex altero conceptum*[2]. En se mariant, les époux se sont engagés à vivre l'un pour l'autre : cet engagement est scellé par une tendresse réciproque et chacun d'eux, en le prenant, a dû placer sa confiance dans ses propres forces et compter sur une fidélité mutuelle pour en assurer l'exécution. De cette union civile de l'homme et de la femme naît pour cette dernière un droit et un devoir, le droit d'être mère, et le devoir de sauvegarder l'honneur du nom qu'elle porte et que porteront ses enfants. Voilà pourquoi, sans doute, le législateur a frappé plus sévèrement la femme adultère que le mari coupable, et quand il n'y aurait que cette considération, elle serait pleinement suffisante pour justifier cette sévérité.

(*b*) Il n'est pas probable que, sous la république romaine, aucune loi fut portée contre l'adultère. Nous savons, au contraire, qu'à l'imitation de ce qui se passait à Sparte, la femme coupable était jugée arbitrairement par un tribunal composé du mari et des parents. Ce n'est qu'à partir de la loi *Julia de adulteriis* que la répression de l'adultère devint légale et passa des magistratures domestiques aux tribunaux ordinaires. Éloigner les causes de divorce et fortifier les unions légitimes en assurant le respect du mariage, tels furent sans nul doute les motifs qui déterminèrent l'empereur Auguste

1. *Adulterium in nupta committitur*, loi 7, § 1, *ad leg. Jul. de adult.*
2. Loi 6, § 1, eodem. *Adulterium ad alterum thorum vel alterum accessio*. Farinacius, quæst. 111, num. 1.

et ses successeurs à réprimer d'une façon, trop rigoureuse peut-être, l'oubli du plus sacré des devoirs conjugaux. A Rome, l'adultère n'était pas, comme chez nous,
un simple délit, mais un crime puni, ainsi que nous le
verrons tout à l'heure avec une sévérité exceptionnelle.
Aussi bien ne saurions-nous comparer en tous points
la disposition de notre code pénal, en cette matière,
avec les dispositions du droit romain. Les deux législa-
tions ont suivi une marche contraire. La nôtre est allée,
on peut le dire, de la férocité à une indulgence qui
peut paraître excessive [1] ; à l'inverse, celle des Romains,
après s'être montrée presque indifférente, a porté tout à
coup sa prévoyance jusqu'aux dernières limites. Toutefois dégageons ce principe commun à la fois au droit
romain et au droit français à savoir, que, commis par
l'un quelconque des époux, l'adultère crée au profit de
l'autre une juste cause de divorce [2]. C'est ce qui résulte
des lois 11 *in fine ad leg. Jul. de adult. Digeste.* — 8, § 2
Code de repudiis et, chez nous, des *art. 229 et 230 du
Code Napoléon.* Ainsi le mari et la femme peuvent l'un
et l'autre être reconnus coupables d'adultère. Cepen-

---

1. En ce qui nous concerne, du moins, voici les motifs qui ont
été donnés à l'appui du système qui a prévalu dans notre code
pénal. « L'adultère, a-t-on dit, placé dans tous les codes au nombre des plus graves attentats aux mœurs, à la honte de la morale,
l'opinion semble excuser ce que la loi doit punir ; une espèce d'intérêt accompagne le coupable ; les railleries poursuivent la victime.
Cette contradiction entre l'opinion et la loi a forcé le législateur à
faire descendre dans la classe des délits ce qu'il n'était pas en sa
puissance de mettre au rang des crimes. » (*Extrait du rapport de
M. Monseignat au Corps Législatif.*)

2. Nous nous plaçons, bien entendu, dans notre droit sous l'empire du code Napoléon, avant la loi du 8 mai 1816.

dant, en ce temps-là comme à notre époque, le mari n'a jamais encouru que des peines pécuniaires ; bien plus la loi romaine prend soin de nous dire que l'accusation d'adultère, dans les cas et en la forme prévus par la loi *Julia*, est exclusivement réservée au mari [1]. De telle sorte qu'à cette question : Qui peut être accusé d'adultère? on doit répondre : Toute femme mariée, pubère, mineure ou non et dans une condition honnête [2].

Cette règle cependant n'est pas absolue ; elle souffre plusieurs exceptions. En voici quelques-unes. En premier lieu la femme qui n'a cédé qu'à la violence « non est in ea causa ut adulterii damnetur [3], » quand bien même elle aurait négligé de dénoncer aussitôt à son mari la violence qui lui avait été faite [4].

Le mineur de vingt-cinq ans ne pouvait se porter accusateur qu'à deux conditions : 1° Il devait le faire pour venger l'honneur de son mariage (*suum matrimonium vindicare*) et alors on décidait que « quamvis jure extranei veniat audietur [5]. » 2° Il fallait que sa femme eût atteint l'âge de puberté, car si elle avait moins de douze ans, elle ne pouvait pas être accusée comme épouse mais comme fiancée ; encore bien qu'en fait elle ait cohabité avec son mari [6].

La fille promise par les fiançailles pouvait donc être accusée d'adultère. C'est du moins ce qu'avait décidé

1. Loi 1, Cod. *ad legem Jul. de adult.* Cette disposition était appliquée autrefois en France.
2. Loi 6, § 1. 13, § 8 et 36, D. *ad leg. Jul. de adult.*
3. Loi 13, § 7, D. *ad leg. Jul. de adult.* — Loi 20, code eodem.
4. Loi 39, D. eod.
5. Loi 13, § 16, D. eod.
6. Loi 13, § 8, D. eod.

un rescrit des empereurs Sévère et Antonin rapporté dans la loi 13, § 3 au *Digeste ad leg. Jul. de adult.*, parce que, y est-il dit, « neque matrimonium qualecunque, nec spem matrimonii violare permittitur. » On s'était, à cet égard, posé la question suivante : Une jeune fille mariée par son père à un autre que son fiancé, commet-elle un adultère? Le jurisconsulte Papinien la résout négativement [1] et avec raison, car autre chose est de se soumettre à l'autorité du père de famille et d'engager de nouveau mais légalement une parole déjà donnée, et autre chose de rechercher dans une union illégitime et passagère la satisfaction d'un caprice ou d'une passion.

La loi contre l'adultère n'atteignait pas non plus les femmes mariées qui tenaient des maisons publiques ou qui étaient attachées au théâtre [2], à moins qu'elles n'aient eu la pensée, en exerçant ces professions, de se soustraire aux peines qu'elles eussent encourues sans cela [3].

Elle épargnait pareillement, mais pour un autre motif, l'épouse qui, sur le bruit de la mort de son mari et après un long temps, convolait à de secondes noces : ici sa bonne foi la rendait excusable et la mettait à l'abri de toute poursuite. Il fallait cependant qu'elle prouvât qu'en l'absence de son mari et jusqu'au jour

---

1. Loi 11, § 7, D. *ad leg. Jul. de adult.*
2. La loi Julia n'était pas applicable aux servantes de cabaret quoiqu'elle dût l'être aux maîtresses cabaretières. (Loi 29, cod. *ad leg. Jul. de adult.*) Pothier fait observer sur cette loi que Constantin, issu comme on sait d'une mère qui avait tenu cabaret, aurait établi cette distinction pour effacer le vice de sa naissance.
3. Loi 10, § 2, D. *ad leg. Jul. de adult.*

de son second mariage : elle était restée fidèle à la foi conjugale et que son erreur sur le décès de celui-ci provenait de raisons déterminantes et invincibles [1].

Celui qui avait favorisé l'adultère de la femme, par exemple en prêtant sa maison ou son habitation, était déclaré complice et, en conséquence passible des mêmes peines que l'auteur principal [2]. La complicité pouvait résulter encore du simple fait d'épouser une femme qu'on savait avoir été répudiée illégalement [3]. De même l'étranger qui épousait ou le mari qui reprenait une femme condamnée pour adultère, mais à laquelle on avait fait remise de la peine capitale, était puni *ex causa lenocinii* [4]. Mais si elle était sortie absoute de l'accusation dirigée contre elle, la loi précédente cessait d'être applicable et le mari, en la recevant de nouveau chez lui, était censé se désister de toute poursuite pour le présent et pour l'avenir [5]. Par contre, on admettait sans difficulté que la femme, après la dissolution de son mariage par le divorce, pût contracter de justes noces avec l'individu que son mari avait *soupçonné* et contre lequel il s'était *proposé* d'intenter l'action d'adultère, pourvu toutefois qu'il n'y eut pas d'autre empêchement à leur union [6].

(c) Le crime d'adultère était au nombre des crimes publics et donnait lieu à un *judicium publicum*. C'est-à-

---

1. Loi 11, § 12, D. *ad leg. Jul. de adult.*
2. Lois 8. princip. et § 1, 9, 10, § 1, D. eod.
3. Loi 13, D. eod.
4. Loi 9, Cod. eod.
5. Loi 10, § 1, D. eod.
6. Même loi.

dire que tout citoyen capable d'agir en justice, pouvait se porter accusateur quoiqu'il ne fût pas le mari. Cela s'appelait accuser *jure extranei*[1].

L'action était dite intentée *jure mariti*, quand le mari lui-même, en sa qualité d'époux, se présentait comme accusateur de sa femme.

Dans l'un et l'autre cas, du reste, la poursuite n'était possible soit contre l'épouse infidèle, soit contre son complice qu'après la dissolution du mariage, « probatam enim a viro uxorem, et quiescens matrimonium non debet alius turbare, atque inquietare[2]. » Ainsi tant que le mari gardait sa femme et jusqu'à ce qu'il ne l'ait répudiée, il lui était interdit de l'accuser[3]. Le droit nouveau vint modifier ce principe. Désormais le mari put, sur de justes soupçons et en la gardant, l'accuser *jure mariti*, sans être obligé de s'inscrire comme accusateur et par conséquent en conservant la faculté de se désister, faculté qui ne se perdait que par l'inscription de la plainte. Cependant si, après enquête, l'imputation se trouve fondée, il doit répudier sa femme et, ensuite, s'il ne l'a pas reprise[4], s'inscrire comme accusateur et démontrer la vérité de cette accusation sous peine d'en-

1. Lois 4, § 1 et 13, § 4, D. *ad leg. Jul. de adult.*
2. Lois 11, § 10 et 26, D. eod. Loi 11, au cod. *ad leg. Jul.* — La loi 39, § 1. D. à notre titre semble dire cependant que le complice de la femme peut être accusé d'adultère, même pendant le mariage. Mais il s'agit ici d'une femme répudiée qui s'était remariée, de sorte que l'adultère dont elle était prévenue se reportait au temps de son précédent mariage. Dans cette hypothèse le premier mari n'était recevable qu'autant qu'il n'était pas accusé lui-même de connivence. (Loi 26, D. eod.)
3. Loi 2, cod. eod.
4. Loi 13, § 9, D. eod.

courir les condamnations qui eussent été prononcées contre sa femme dans le cas où celle-ci eût été reconnue coupable [1]. Quand même il n'aurait agi, comme nous le disions tout à l'heure, que *jure mariti*, sans inscription et sur des indices graves, il pouvait être encore condamné comme *calomniateur*, s'il avait été poussé *vexandi animo* et non entraîné par la force des soupçons [2].

Le père de la femme pouvait, comme le mari, élever contre elle l'accusation d'adultère. Si le mari et le père se présentaient simultanément pour agir, le mari avait la préférence parce que « propensiore ira et majore dolore executurum eum accusationem credendum est, » dit le texte [3], à moins que le mari n'eût encouru l'infamie ou que son accusation ne fût pas sérieuse [4]. On écartait également l'accusation de celui qui aurait épousé une femme antérieurement coupable d'adultère ou de *stuprum*, car on le considérait comme ayant approuvé, en se mariant avec elle, les mœurs passées de cette femme [5]. Et pourtant, s'il épousait une fille publique, il restait maître de l'accuser, même *jure mariti* [6].

Pour les Romains, la faculté de venger sa propre douleur (*vindictam proprii doloris consequi*) était bien plus de droit naturel que de pur droit civil. Aussi, en matière d'adultère, exemptaient-ils le fils de famille de la puis-

1. Code, ad leg. Jul. de adult. Authent. sed hoco.
2. Loi 15, D. eod.
3. Loi 2, § 8, D. eod.
4. Loi 3, D. eod.
5. Loi 13, §§ 6 et 10, D. eod.
6. Loi 13, § 2, D. ad leg. Jul. de adult.

sance paternelle, en l'autorisant, malgré son père, à accuser sa femme et même le complice de celle-ci [1]. C'est encore pour la même raison qu'il était permis au mineur de vingt-cinq ans de se porter accusateur soit *jure mariti*, soit *jure extranei*.

La matérialité du fait, étant dans le crime d'adultère un des éléments essentiels, la preuve en est administrée, le plus souvent par la constatation du flagrant délit. Ainsi, presque toujours, le complice est connu en même temps que le crime est constaté. Chez nous l'instance correctionnelle est dirigée simultanément, sur la dénonciation du mari, contre la femme et le coauteur de l'adultère; c'est le même jugement qui statue sur le sort de l'un et de l'autre. Les Romains, eux, suivaient une autre procédure. Le complice devait être accusé et condamné avant que la femme pût être poursuivie [2]. De telle sorte qu'elle se trouvait implicitement justifiée par l'acquittement de son prétendu complice [3]. Toutefois, si celui-ci était reconnu coupable et condamné, elle pouvait encore défendre à l'action dirigée contre elle [4]. Il peut arriver, en effet, dit le jurisconsulte, qu'un concours de circonstances fatales, de faux témoignages, la subornation même des magistrats, aient amené la condamnation de l'homme. Or, pourquoi refuser à la femme le droit de faire éclater la vérité quand elle aura à présenter sa propre défense?

1. Lois 6, § 2 et 37, D. eod.
2. Loi 2, D. eod.
3. Loi 16, § 6, D. eod.
4. Même loi.

Parmi les *fins de non recevoir* que l'épouse adultère pouvait opposer à l'accusation dirigée contre elle par son mari, il y en a deux qui méritent une attention particulière.

1° Nous avons dit tout à l'heure que les devoirs entre époux étaient réciproques. En conséquence il serait très-injuste que le mari exigeât de sa femme la fidélité s'il y manquait lui-même [1]. Mais, ajoute le même texte, la faute de l'un ne compense pas le crime de l'autre. En quoi consiste donc alors cette fin de non recevoir dont la femme peut user? Distinguons: le mari prétendait-il accuser *jure mariti*, il ne le pouvait plus. Prétendait-il, au contraire, exercer ses poursuites *judicio publico*, on devait l'admettre, comme on eût admis tout étranger, car alors ce n'était plus l'honneur du mariage qu'il voulait venger, mais il agissait pour la vindicte publique.

2° Ce n'était pas un délit médiocre de la part du mari que de favoriser l'adultère de sa femme [2], et de trafiquer de sa prostitution [3]. Il en était de même de la femme qui tirait profit de l'adultère de son mari [4]. Ce crime s'appelait *lenocinium*. Dans cette hypothèse, la fin de non recevoir qui pouvait être opposée au mari reposait sur la même distinction que nous venons de faire dans le cas précédent. Car alors que ses adultères personnels privent le mari d'accuser sa femme *jure mariti*, de même sa connivence qui, au fond, n'est

1. Loi 13, § 5, D. *ad leg. Jul. de adult.*
2. Loi 29, § 3, D. *eod.*
3. Loi 2, § 2, D. *eod.*
4. Loi 33, § 2, D. *eod.*

qu'une espèce d'adultère de sa part, le frappe de la même déchéance. Quand il s'agit, au contraire, d'un jugement public la connivence du mari n'excuse pas la femme ni son complice. On assimilait à l'individu coupable de *lenocinium* celui qui, ayant surpris sa femme en adultère, la retenait chez lui : « debuit enim uxori irasci quæ matrimonium ejus violavit [1]. » Mais si le mari souffrait le délit de sa femme par négligence ou par trop de crédulité, et non pour en tirer profit, il n'était pas puni [2].

De ce qui précède il est facile de voir que les Romains considéraient l'adultère et comme une atteinte grave portée à l'honneur du mariage, au respect de la famille, et comme un scandale pour la société. Voilà comment s'explique cette simultanéité de deux actions : *action privée* et *action publique* [3]. Mais comme le concours de ces deux actions exercées en même temps eût compliqué la procédure sans résultat utile, on avait donné la préférence à l'action privée. Le mari et le père de la femme jouissaient d'un privilége spécial. Pendant soixante jours à compter de la dissolution du mariage, ils avaient seuls le droit de poursuivre l'adultère [4].

1. Loi 29, D. eod.
2. Même loi, § 4. — Le mari qui, voulant diffamer sa femme, avait aposté un homme pour commettre l'adultère avec elle, était tenu du crime comme la femme elle-même. (Loi 14, § 1, D. ad leg. Jul. de adult.)
3 Une constitution de l'empereur Constantin vint modifier ce droit en défendant aux étrangers l'accusation d'adultère; il ne la permit plus qu'au mari, au père et aux oncles. (ad leg. Jul. de adult.)
4. Loi 14, § 2, D. ad leg. Jul. de adult.

S'ils laissaient passer ce délai sans agir, l'accusation devenait publique et tout étranger pouvait, durant quatre mois utiles, accuser la femme *judicio publico* [1]. A l'égard du complice, l'action publique n'était prescriptible que par cinq années continues qui commençaient à courir du jour même du crime [2]. Toutefois, quand l'inceste se joignait à l'adultère, l'accusation pouvait encore être intentée après cette période de cinq années.

(d) La peine de l'emprisonnement a paru suffisante à nos législateurs pour la répression du délit d'adultère [3]. Les Romains, eux, qui considéraient ce manquement à la foi conjugale, comme un crime, le punissaient comme tel. Sous l'empire de la loi *Julia de adulteriis*, la femme adultère était reléguée *in insulam* et sa dot confisquée [4]. Le

1. Lorsqu'un étranger avait, dans ce délai de quatre mois, poursuivi la femme et succombé dans son action, le mari pouvait-il relever l'accusation (*restaurare accusationem*) et, administrant de nouvelles preuves, remettre en question la chose jugée? Telle est la question que le jurisconsulte Ulpien se pose et résout affirmativement dans la loi 4, §, D. *ad leg. Jul. de adult.* pourvu, ajoute-t-il, que le mari *non negligentia praeventus sit.*

2. Loi 11, § 4, D. eod.

3. Code pénal, art. 337 et 338.

4. Lois 52 et 61, D. *de Rit. nupt.* — « Chez tous les peuples de l'antiquité, à quelques exceptions près, l'adultère a été puni, et souvent par des supplices atroces. — En Egypte l'homme adultère était mis à mort; la femme avait le nez coupé. — Chez les Juifs les coupables étaient lapidés. (Lev. chap. 20, v. 10). Dans l'Inde la loi était, s'il est possible, plus terrible encore : Si une femme fière de sa famille, et de ses qualités, est infidèle à son époux, que le roi la fasse dévorer par les chiens dans une place fréquentée; qu'il condamne l'adultère à être brûlé dans un lit de fer chauffé au rouge, et que les exécuteurs alimentent sans cesse le feu jusqu'à ce que le pervers soit brûlé. (Manou, liv. 7). » (Dalloz, rep. de leg. *Adultère,* tom. III, page 336.)

marj n'encourait qu'une peine pécuniaire: la confiscation de la moitié de son patrimoine. Mais l'empereur Constantin ne s'en tint pas là: il prononça la peine de mort contre la femme et son complice [1]. Ces dispositions, encore en vigueur au commencement du règne de Justinien, furent modifiées par ce prince dans la novelle 34. A la peine capitale il substitua pour la femme la fustigation et l'emprisonnement dans un monastère. Si le mari laissait passer deux ans sans la reprendre, elle était rasée, voilée et restait à perpétuité au couvent. Quant à ses biens ils étaient acquis à la communauté jusqu'à concurrence d'une certaine réserve faite au profit de ses descendants et ascendants [2].

1. Loi 30, § 1, Cod. ad leg. Jul. de adult.
2. Novelle, 134, chap. 10. — Des auteurs modernes, plus philosophes que jurisconsultes, ont essayé de justifier le prétendu droit qu'aurait, suivant eux, le mari outragé de tuer sa femme surprise en adultère. Il est vrai qu'à Rome, le père de famille surprenant sa fille en flagrant délit d'adultère, soit chez lui, soit dans la maison de son gendre, pouvait lui donner la mort ainsi qu'à son complice, à la condition qu'il frappât *in continenti et prope uno ictu et impetu*. Mais il est à remarquer qu'il ne pouvait tuer l'un des deux seulement, il suffisait cependant que l'autre fût blessé mortellement. Il ne faut pas oublier non plus que ce droit ne lui était octroyé qu'à raison de sa puissance paternelle et qu'il le perdait si sa fille était émancipée ou si elle se trouvait *in manu mariti* (Lois 20, 21, 22, § 3 et 4. D. ad leg. Jul. de adult.). Quant au mari, il lui était absolument interdit d'immoler sa femme à son ressentiment. Tout au plus lui permettait-on de tuer le coauteur du crime, et encore fallait-il que ce complice fût un homme vil ou infâme, ou encore un de ses esclaves ou de ses affranchis (Lois 22, § 4, et 24, eod.) Si néanmoins, n'écoutant que sa colère il avait tué son épouse coupable et prise sur le fait, il était, comme chez nous, excusable et, au lieu du dernier supplice, il était, suivant sa condition sociale, condamné tantôt à la relégation dans une île, tantôt

aux travaux publics à perpétuité. (Loi 33, D. eod. Cod. pén. art. 324.) Nous n'avons pas en France, et avec raison, reproduit ces distinctions du droit romain incompatibles avec l'unité et l'économie de nos lois pénales, avec notre juridiction criminelle, si éminemment protectrice et humanitaire.

CHAPITRE IV

I. — Des mariages nuls. — II. Des effets de la bonne foi en matière de mariage. — *Erroris causæ probatio.* — III. Dissolution des justes noces. — Divorce.

I. — « *Si adversus ea quæ diximus aliqui coierint, nec vir, nec uxor, nec nuptiæ, nec dos intelligitur* [1]. » Voici le principe dans toute sa rigueur. Les justes noces ont-elles été contractées au mépris des prescriptions de la loi, elles n'existent pas : le contrat principal et ses accessoires, tout est nul.

Nous avons étudié dans le chapitre II chacune des différentes conditions exigées pour la validité du mariage et, durant ce rapide examen, il nous a été donné de signaler quelques-uns des effets qui découlent des nullités établies en cette matière. C'est ainsi que nous savons que lorsque deux personnes impubères ou dont l'une seule est pubère se sont unies en vue de contracter un mariage légitime, il n'y a dans ce rapprochement qu'une cohabitation de fait impuissante à créer entre les parties aucun lien juridique.

On se souvient aussi que le mariage formé en violation des empêchements résultant de la parenté ou de l'alliance était dépourvu de tous effets légaux et que ses

1. Justinien. Inst. Liv. I. titre x, § 12. Loi 5. cod. de Incest. et inutil Nuptiis.

auteurs étaient passibles des peines de l'inceste [1]. A cet égard, il est bon de distinguer l'inceste *du droit des gens*, c'est-à-dire celui qui est commis entre parents en ligne directe, et l'inceste du *droit civil* commis entre parents collatéraux ou entre alliés. Dans le premier, pas d'excuse possible : la morale publique est trop ouvertement outragée pour qu'on puisse se montrer indulgent envers les transgresseurs de la loi. Dans le second, la femme est présumée avoir ignoré le droit et en conséquence absoute. L'homme même n'est atteint qu'avec un certain tempérament lorsque l'inceste a été public [2]. Dans l'un et l'autre cas d'ailleurs, les enfants issus d'un tel commerce n'ont pas, quoique en réalité le père soit connu, de filiation certaine, on les assimilait aux *spurii* ou *vulgo concepti* [3]. Cependant un rescrit de Marc-Aurèle déclara *justi* des enfants nés d'un oncle maternel et de sa nièce. Mais c'est que dans l'hypothèse présente, la mère était de bonne foi, qu'elle avait ignoré la prohibition légale grâce aux supercheries de son aïeule : c'est aussi que le mariage et la bonne foi avaient duré quarante ans [4]. Il faut considérer cette faveur comme tout exceptionnelle et, la restreignant au cas particulier, ne pas l'étendre à tous les mariages incestueux même contractés *bona fide*.

La prohibition faite aux citoyens romains de vivre en état de bigamie était sanctionnée avec une extrême

---

[1]. Ces peines étaient les mêmes que celles de l'adultère. Voir *supra*, chap. III, pages 73, 75.

[2]. Lois 68, D. *de Rit. nupt.* 38, § 2. D. *ad leg. Jul. de adult.*

[3]. Justinien. *Inst.* Liv. I, titr. x, § 12. Gaius, *Com.* I, § 64. Ulpien. *Reg.* v, § 7. Loi 23, D. *de Stat. homin.*

[4]. Loi 57, § 1. D. *de Rit. nupt.*

rigueur. En dehors de la nullité du second mariage qui était de droit, les époux bigames, l'homme aussi bien que la femme étaient notés d'infamie et condamnés à la rélégation [1]. Ces peines ont été remplacées par la mort sous Justinien [2]. Il est bien probable, néanmoins, qu'ici encore, la bonne foi devait être prise en considération et servir à excuser ceux qui avaient été entrainés par une erreur invincible [3]. Nous entendons parler de l'erreur de fait; quant à l'erreur de droit nous ne pensons pas qu'elle dût être admise, car personne ne saurait se prévaloir de son ignorance en matière d'ordre public [4].

Ces trois cas de nullité, *impuberté*, *inceste* et *bigamie*, ont cela de particulier qu'ils sont consacrés à la fois et

1. Justinien. *Inst.* liv. IV, titre 18, § 4. Loi 18, cod. *ad leg. Jul. de adult.* Loi 1, D. *de his qui notant infam.*
2. Théoph. §§ 6 et 7 *de Nuptiis.*
3. Loi 11 § 12 D *ad leg. Jul. de Adult.*
4. La femme dont le mari était absent pouvait-elle se remarier valablement? Oui si elle prenait le soin de divorcer, l'absence du mari étant considérée comme une juste cause de répudiation. La loi 91. D. *de Don. int. vir. et ux.* autorise la femme à envoyer le *repudium* par cela seul que son mari est entré dans le service militaire. Il est vrai que Justinien rapporta cette loi et ne permit plus à la femme de se remarier sans autorisation préalable ni sans avoir représenté la preuve authentique du décès de son mari (*Novelle*, 117, chap. xi).

Quid, lorsque, au lieu d'être absent pour le service de l'Etat, le mari était captif chez l'ennemi? Nous verrons dans un instant, qu'à l'origine, la captivité rompait le mariage et que le *jus postliminium* s'arrêtait devant les effets de cette dissolution. Or donc, le second mariage contracté *pendente captivitate* était inattaquable. Mais la captivité, sous Justinien, quand elle avait duré cinq années n'était plus qu'une juste cause de divorce (*Novelle*, 22, c. vii). Ce délai passé, l'envoi du *repudium* n'était plus nécessaire et l'absence devenait une cause de divorce *bona gratia.*

par la loi positive et par la loi naturelle. Nous les appelle-
rons en conséquence *nullités d'ordre public*, par opposition à celles qui nous restent à examiner et que nous
désignerons par *nullités de droit civil*.

On a pu voir, en effet, qu'en dehors de ces empêchements à mariage, commandés par la morale même et
qui existent chez tous les peuples civilisés, les Romains
en avaient créé quantité d'autres, n'ayant de raison
d'être que l'intérêt ou le caprice de leur politique inté-
rieure ou extérieure. Tels sont, par exemple, ceux qui
résultaient de la différence de caste ou de nationalité.

On n'a pas oublié que jusqu'à l'adoption de la loi
Canuleia, le mariage entre patriciens et plébéiens, fut interdit. Les unions contractées, nonobstant ces prohibitions, ne produisaient aucun lien de droit entre les
époux. La père n'avait pas la puissance sur ses enfants
qui étaient déclarés *incerta proles*. La femme ne prenait
pas le titre d'*uxor* et, si on ne lui donnait pas encore celui de *concubine*, elle n'avait, en réalité, pas d'autre
état.

On se rappelle également que jusqu'aux lois caducaires, le mariage fut expressément défendu entre ingénus et affranchis et que ce fut par une faveur exceptionnelle qu'on permit à une affranchie d'épouser un
homme d'extraction libre. Cette interdiction, cause première du *concubinat*, fut abolie par les lois *Julia et Papia
Poppea*. Auguste comprit avec justesse que ce serait faci-
liter et encourager les unions légitimes que de supprimer un certain nombre d'obstacles légaux qui ne devaient leur origine qu'à l'égoïsme national. Toutefois

l'abrogation ne fut pas aussi complète qu'elle aurait pu, qu'elle aurait dû l'être. On comprend fort bien, du reste, qu'une telle mesure ne pouvait être radicale en tous points, car elle touchait trop directement à l'organisation même de la société romaine où les lignes de démarcation entre les différentes castes étaient et restèrent longtemps si nettement dessinées. Aussi les lois *Julia* et *Papia Poppea* ne permirent-elles pas le mariage des sénateurs, de leurs enfants au premier degré et de leurs autres descendants *per masculos* avec les affranchis, les comédiens ou comédiennes et les prostituées [1]. Ces mêmes lois prohibèrent aussi l'union d'un ingénu avec toute femme notée d'infamie [2].

Maintenant supposons qu'un mariage ait été contracté en violation des *præcepta legum caducarum*, qu'en résultera-t-il? Le mariage sera-t-il nul, absolument nul? Ou bien les époux seront ils simplement traités comme célibataires en ce qui concerne le *jus capiendi*, les *præmia patrum*? Un sénatus-consulte rendu sous le règne de Marc-Aurèle déclare que ces mariages sont nuls [3]. A propos de cette disposition législative, on s'est demandé si elle créait un droit nouveau ou si, au contraire, elle rappelait et confirmait un droit préexistant.

Quelques auteurs ont prétendu qu'il serait puéril de soutenir l'utilité de cette disposition si elle ne devait avoir pour but que de raviver une règle plus ancienne. Et, en conséquence, ils ont pensé, qu'avant le sénatus-

---

1. Ulpien, xiii, § 1. Loi 44, princip. D. *de Rit. nup.*
2. Ulpien, xiii, § 2, xvi, § 2.
3. Loi 16, princip. *de Rit. nupt. Dig.*

consulte de Marc-Aurèle, le mariage contracté au mépris des lois caducaires n'était pas *nul*, mais que les époux étaient traités comme *célibataires*. C'est, disent-ils, ce qui résulte d'un texte [1] où Ulpien qualifiant de *vir et uxor* deux personnes ainsi mariées, ajoute qu'elles ne pourront rien recueillir l'une de l'autre par acte de dernière volonté. En effet, si le mariage est complétement nul il n'y a ni *vir* ni *uxor*, ni relation légale entre ceux qui l'ont contracté. Aux yeux de la loi ce sont deux étrangers, et c'eût été une naïveté de la part d'Ulpien de dire que deux personnes non mariés ne jouiront pas des avantages attachés au mariage.

Nous ne croyons pas que cette opinion, quoique soutenable, soit la vraie. Nous nous rangerons, au contraire du côté de ceux qui sont d'avis que le sénatus-consulte de Marc-Aurèle n'innova point, mais qu'il se contenta de remettre en vigueur une disposition qui commençait à vieillir. Car il faut bien faire attention, et nos adversaires paraissent l'avoir oublié, que la désuétude, à Rome, abrogeait les lois tout aussi bien que l'usage les établissait. Dès lors il devenait urgent quelquefois de prévenir cette abrogation par un rappel du pouvoir législatif. Quant à l'argument tiré du texte d'Ulpien, M. Accarias nous semble y avoir répondu très-victorieusement. « La décision d'Ulpien, dit-il, présente une double utilité : Il se peut que les deux prétendus époux n'aient pas encore atteint l'âge à partir duquel le mariage est exigé. Il est possible aussi qu'ils aient obtenu du prince le *jus liberorum*. Dans ce cas, ils ont pleinement le *jus capiendi*

1. Ulpien, reg. XVI, § 2.

à l'égard des étrangers : et ils l'auraient entre eux aussi si leur mariage était régulier (Ulp. xvi, § 1). Mais ils le perdent dans leurs rapports respectifs pour avoir violé les lois caducaires : Si deux véritables époux n'ont pas d'enfants communs, mais qu'ils en aient d'un précédent mariage, à l'égard des étrangers ils ont le *jus capiendi* complet : entre eux ils ne l'ont que dans une certaine mesure. Pareillement, s'ils n'ont point d'enfants du tout, à l'égard des étrangers leur *jus capiendi* n'existe que pour moitié : mais dans leurs rapports réciproques, on le réduit à une mesure encore moindre (Ulp. xv). Eh bien ! si les deux personnes unies contrairement aux lois caducaires étaient traitées entre elles comme deux étrangers, on leur reconnaîtrait dans le premier cas une complète capacité réciproque, dans le second cas une capacité de moitié, de sorte qu'elles gagneraient à la nullité de leur mariage. Et c'est ce que la loi n'a pas voulu. C'est ainsi que d'après un autre texte d'Ulpien (Loi 3 § 1 D *de donat. int. vir.* xxiv, 1), ces mêmes personnes bien que non mariées, ne peuvent se faire aucune donation entre vifs, *ne melior sit eorum conditio qui deliquerunt.* Mon explication a au moins cet avantage de ne pas supposer qu'Ulpien, écrivant un livre élémentaire trente ou quarante ans après Marc-Aurèle, se réfère à un droit abrogé et se taise sur le droit contemporain[1] ».

Mais à ce texte d'Ulpien où l'embarras de la rédaction se joint à l'ambiguité du sens, nous avons à oppo-

1. Accarias, *Précis de droit romain*, tome I, pages 173 et 175, note 3.

ser la loi 28 au code *de Nuptiis*. C'est Justinien qui
parle, et que dit-il? « Ulpien s'était demandé si l'éléva-
tion à la dignité de sénateur d'un individu marié à une
affranchie dissolvait son mariage ; et l'embarras d'Ulpien se comprend, car, ajoute le texte, la loi *Papia* ne
reconnaissait pas l'*existence* de pareils mariages *stare
connubia non patitur*. Il est difficile de s'exprimer en
termes plus clairs et plus précis.

Et puis, si nous raisonnons historiquement, est-ce que
cette nullité absolue, radicale, nous ne la trouvons pas
dans le temps qui a précédé les lois *Julia* et *Papia
Poppea*, alors qu'elle se formulait d'une façon plus générale et frappait indistinctement tout mariage contracté entre ingénus et affranchis? Qu'ont donc fait les
lois caducaires? Elles ont, nous le disions tout à l'heure,
levé l'obstacle qui s'opposait à la validité de telles
unions. Mais cet obstacle elles ne l'ont pas levé pour
tout le monde; pour quelques personnes il demeure
avec tous les effets qu'il avait dans le passé. Nous savons quels sont ces effets, nous savons quelles sont ces
personnes : la conclusion est facile.

Au surplus, Ulpien nous apprend que si, par rescrit
impérial, il avait été concédé à un sénateur d'épouser
une affranchie, celle-ci devenait *justa uxor* [1]. Le même
auteur nous fait observer aussi que la nullité dont est
entachée l'union d'une affranchie et d'un sénateur, disparaît dès que celui-ci *amiserit dignitatem*, et qu'à partir
de cette époque le mariage devient valable et la femme

1. Loi 31, D. *de Rit. nupt.*

prend le rang de femme légitime *uxor esse incipit* [1].

II. *Erroris causæ probatio*. — Comme nous avons pu le voir déjà dans quelques hypothèses spéciales, la *bonne foi* pouvait être invoquée par les époux qui, jouets d'une erreur invincible (*errore acerrimo*) avaient contracté un mariage en contravention aux *præcepta, mandata, constitutionesque principum*, et en conséquence nul d'après le droit civil. Elle servait alors, non pas précisément à couvrir le vice dont ces unions étaient infectées, mais à épargner aux transgresseurs de la loi les peines qu'ils auraient encourues sans cela, et quelquefois, mais exceptionnellement, à donner aux enfants une filiation légitime [2].

Mais là où la bonne foi nous paraît avoir servi aux Romains de base à une véritable théorie, c'est dans l'*erroris causæ probatio*. Nous trouvons dans le commentaire Iᵉʳ de Gaius des renseignements précieux sur cette théorie que nous aurions probablement toujours ignorée sans la découverte du manuscrit de Vérone. Sans qu'on puisse préciser la date exacte où elle apparut dans le droit romain, tout nous porte à croire que

---

1. Loi 17, D. eod. Voir au surplus sur les autres cas de nullité ce que nous avons dit, chap. ii, pages 29, 31 et 33.

2. Loi 38, §§ 3, 4, 7. D. *ad leg. de adult.* — Loi 68, D. *de Rit. nupt.* Const. 4, eod. *de Incest.* et *inutil.* Loi 57, § 1, D. *de Rit. nupt.* — Dans sa remarquable dissertation sur le mariage putatif, M. Gaudenet, professeur à l'école de droit de Dijon, fait très-bien remarquer : « *Que ces textes n'ont pas proprement trait à la théorie du mariage putatif... Ce n'est là que l'application du grand principe que l'imputabilité pénale ne saurait exister que là où il y a volonté, conscience du mal commis.* » (pag. 16.)

le sénatus-consulte qui l'établit se place sous le règne d'Auguste, peu de temps après la fameuse loi Ælia Sentia. Il ne faudrait pas s'imaginer que la pensée qui inspira cet acte législatif fût la même qui dicta aux rédacteurs de nôtre code civil les dispositions des articles 201 et 202. Comme la plupart des lois rendues à cette époque, il eut pour but d'encourager la fécondité des mariages : aussi n'était-il pas applicable aux unions restées stériles. Chez nous on a voulu, avant tout, éviter aux époux de bonne foi les conséquences rigoureuses de leur erreur; ce n'est donc plus dans un intérêt politique, mais dans un intérêt purement privé que nos législateurs ont organisé le mariage putatif.

Examinons maintenant, en suivant l'ordre des paragraphes de Gaius, les applications diverses de l'*erroris causæ probatio*. Et d'abord que signifient ces mots *erroris causam probare?* Prouver la cause de l'erreur. Donc celui ou celle qui invoque le bénéfice du sénatus-consulte doit prouver, non pas seulement son erreur, mais la cause de cette erreur, c'est-à-dire sa bonne foi, *suam ignorantiam.* S'il eût suffi, en effet, pour profiter de la loi, d'alléguer son erreur sans la justifier, il est aisé de comprendre que c'eût été là une source d'abus et de manœuvres frauduleuses. Il était indispensable d'ailleurs que ceux qui s'offraient à administrer cette preuve, rapportassent en même temps celle de l'existence d'un enfant issu de leur union [1], quel que fût, du reste,

_____

1. Gaius, Com. I, § 66 et 72.

l'âge de celui-ci [1]. Mais encore toute personne pouvait-elle recourir à l'*erroris causæ probatio*, alors même qu'elle avait en mains toutes les preuves dont nous venons de parler? Pour les citoyens romains, pas de doute; pas davantage pour les *latins juniens*. Quant aux *peregrini*, un paragraphe de Gaius, très-incomplet d'ailleurs, laisse des doutes sur la question de savoir si le sénatus-consulte s'étendait à eux.

En ce qui concerne les citoyens romains, trois cas peuvent se présenter où il leur sera besoin *erroris causam probare.*

1° Un citoyen romain a épousé une femme qu'il croyait citoyenne et qui, en réalité, était latine ou pérégrine. Le *connubium* n'existant pas entre eux, le mariage est nul, l'enfant qui en naît échappe à la puissance paternelle et prend la condition de sa mère. Dans cette situation, le sénatus-consulte permet au père de prouver son erreur et par ce moyen de faire arriver à la cité sa femme et son enfant, tout en validant son mariage pour l'avenir [2].

Item juris est, ajoute Gaius, si, au lieu d'être une pérégrine ou une latine, la femme est au nombre des affranchis *dediticies*. Les individus compris dans cette catégorie n'ayant jamais l'espoir d'arriver à la cité [3], n'avaient pas le *connubium*. De telle sorte que leur mariage était toujours nul. Cependant le citoyen romain, grâce à l'*erroris causæ probatio*, conjurait certains effets de cette

1. Gaius, Com. I, § 73.
2. Gaius, Com. I, § 67.
3. Gaius, Com. I, § 26.

nullité. C'est ainsi, par exemple, que bien que la femme restât *déditice*, les enfants devenaient citoyens romains.

2° Gaius suppose ici que c'est une citoyenne romaine qui s'est unie à un pérégrin qu'elle croyait citoyen romain ou qu'elle avait épousé comme latin en faisant la déclaration exigée par la loi *Sentia*. Comme dans le cas précédent, la femme prouvera sa bonne foi, consolidera ainsi son mariage, et rendra de cette façon ses enfants et son mari citoyens romains, à moins que celui-ci ne soit *déditice*, cas auquel il gardera son état antérieur et fera obstacle à la validité du mariage *in futurum* [1]. A quoi pouvait donc servir le sénatus-consulte dans cette dernière hypothèse, à savoir quand le père était déditice? à rendre l'enfant citoyen romain. Sans cela, en effet, il eût été *pérégrin*, en vertu de la loi *Menzia* qui voulait que l'enfant dont l'un des parents était pérégrin naquît pérégrin [2]. Or, nous savons que comme condition sociale le *déditice* était assimilé à l'étranger [3].

3° Le § 71 nous fournit un curieux exemple de l'application de ce sénatus-consulte. Un citoyen romain, trompé sur son état civil, s'est cru latin et s'est marié à une latine d'après la loi *Ælia Sentia liberorum quærendorum causa*. Il est bien évident que dès que son erreur aura cessé et par suite sa bonne foi disparu, il ne pourra

1. Gaius, Com. I, § 68.
2. Ulpien, reg. V, § 8.
3. Gaius, Com. I, § 13. Remarquons que le § 68, suppose toujours un mariage avec un pérégrin et non avec un latin. Dans ce dernier cas, en effet, le latin restait latin, mais l'enfant, d'après un sen.-cons. d'Adrien suivait la condition de sa mère. Gaius, Com. I, § 80.

pas recourir à la *causæ probatio* pour faire valider son mariage, puisque le mariage n'a jamais eu d'existence légale. Mais l'*erroris causæ probatio* lui permettra de rendre sa femme et son fils citoyens romains et d'avoir ce dernier en sa puissance. La décision serait la même si ce citoyen se fût cru pérégrin et eût épousé une pérégrine. Il est à remarquer, dans cette hypothèse, que c'est précisément celui qui s'est trompé sur sa qualité qui invoque le bénéfice de sa bonne foi.

L'*erroris causæ probatio* était aussi un moyen pour les *latins juniens* d'obtenir le droit de cité. Nous disons les *latins juniens*, car le silence des textes ne nous autorise pas à étendre la même prérogative aux *latini coloniarii* dont la condition était cependant à peu près identique. Les uns et les autres, en effet, avaient le *commercium*. Mais pour les premiers l'accès à la cité romaine était plus facile. Tandis qu'à l'imitation des *latini veteres* les latins des colonies n'acquéraient la *civitas romana*, conséquemment le *connubium* que de trois façons [1]; les latins juniens, eux, en avaient sept ou huit pour y arriver, et, entre autres, la *causæ probatio*. Mais la *causæ probatio* ne servait qu'au *latin junien* qui avait épousé soit une romaine, soit une *latine junienne* ou des colonies [2], et non pas à la latine qui se serait mariée à un citoyen romain; elle ne prévoyait pas davantage le cas où un latin ou une latine aurait, *ignorantia*, épousé un pérégrin ou une pérégrine. Il y avait donc une lacune dans

1. Tite-Live, 51, 8. Cicéron, pro *Balbo*, 23 et 24. Asconius, Ped. in Pisonem, Gaius, Com. 1, § 80.
2. Gaius, Com. 1, § 29.

la loi, et c'est cette lacune que le sénatus-consulte dont nous nous occupons a voulu combler mais au profit seulement de ceux à qui elle pouvait nuire. Gaius nous apprend donc que lorsqu'une latine (*junienne*) « peregrino quem latinum esse crederet, nupserit potest ex senatus-consulto (filio filiave) nato causam erroris probare; » et que cette ressource est offerte également au latin « qui per errorem peregrinam, quasi latinam, aut civem romanam e lege Ælia Sentia uxorem duxerit [1]. »

« A l'égard des pérégrins, dit M° Gaudenet dans son étude sur le mariage putatif, page **27**, il nous semble fort difficile de leur accorder le droit à l'*erroris causæ probatio*. En effet, de deux choses l'une :

« Ou bien la qualité de pérégrin est certaine et connue dans la personne de celui qui épouse une femme de même condition que lui ou de condition différente; dans ce cas, nous n'apercevons pas qu'il puisse y avoir place à une erreur, c'est-à-dire à la croyance que de cette union pourraient naître des enfants citoyens romains. Le pérégrin, en effet, sait que de son mariage contracté même avec une citoyenne romaine, il ne peut naître depuis la loi *Mensia* que des enfants *pérégrins.*

« Ou bien la qualité du pérégrin qui se marie n'est pas connue; la citoyenne qui l'épouse ou la femme latine le croit citoyen ou latin; on retombe alors dans le cas des §§ 68 et 69 de Gaius, Com. 1°. C'est la femme qui est trompée et qui demande à prouver son erreur : ce n'est pas le *peregrinus.* »

1. Gaius, Com. 1, §§ 69 et 70.

En dehors de ces deux hypothèses, il n'est pas commode de deviner le sens exact du § 74 de Gaius, où le juris-consulte paraît placer le *peregrinus* sur la même ligne que les citoyens romains et les latins juniens. Cela est est d'autant plus étonnant que les *latini coloniarii* assimilés aux *latins juniens*, et conséquemment supérieurs en condition aux *pérégrins*, ne profitaient pas de l'*erroris causæ probatio*. Est-ce à dire que, sous ce rapport, les pérégrins auraient été traités plus favorablement? Nous ne le pensons pas. Les mutilations de ce paragraphe sont trop nombreuses pour qu'il soit permis d'y suppléer par l'induction. Dans le texte rétabli par Mʳ Pellat, la pensée de l'auteur semble avoir été la suivante: Un *pérégrin* a épousé une citoyenne qu'il croyait être pérégrine; de cette union est né un fils. La voie de l'*erroris causæ probatio* est ouverte alors au *peregrinus* d'après un *rescrit* de l'empereur Antonin pour obtenir lui-même et faire obtenir à son enfant le *jus civitatis*, ce dernier devant naître pérégrin suivant la loi *Mensia*.

Voici, à notre avis, la portée de cette disposition: Il faut la combiner avec le § 68 de Gaius. Ce paragraphe prévoit le cas où c'est une citoyenne romaine qui a été induite en erreur en épousant un étranger. Le sénatus-consulte lui octroie alors formellement le droit de *erroris causam probare*, mais il n'a pas été au delà. Il ne suppose pas qu'un pérégrin pût lui aussi, de bonne foi, épouser une citoyenne. Cependant, le cas échéant, les magistrats appliqueront-ils, par analogie, le sénatus-consulte? C'est sur ce point, sans doute, que l'empereur Antonin aura été consulté et que, par un rescrit, dont l'autorité se restreint à l'épouse, il aura décidé, qu'en raison des circonstances probablement, il y avait lieu d'admettre ce pérégrin à prouver sa bonne foi.

III. *Dissolution des justes noces.* — Les justes noces se dissolvaient de cinq manières différentes : 1° Par la mort de l'un des époux. — 2° Par la volonté du père de famille. — 3° Par la servitude encourue *jure civili.* — 4° Par la captivité. — 5° Par le *divorce.*

1° *Par la mort de l'un des époux.* — Les liens qui unissent entre eux l'homme et la femme, si étroits qu'ils soient, sont brisés par la mort. Quand la tombe s'est ouverte pour recevoir l'un des époux, l'association est dissoute et l'engagement est rompu. L'existence commune, en devenant impossible, laisse à l'époux ou à l'épouse survivant sa liberté, c'est-à-dire le droit de refaire cette existence avec telle personne qu'il lui plaira de choisir. Au point de vue purement moral, il est bien évident que le devoir de l'époux qui survit à l'autre, et il n'y a pas de distinction à faire en cela entre le mari et la femme, est de se consacrer à la religion du souvenir et d'attendre, esclave de son culte, l'heure où l'éternité le réunira de nouveau et pour toujours à celui ou celle qu'il a connu et aimé. La loi positive n'a pas pu, certainement, et n'a pas dû reconnaître cette obligation qui est essentiellement naturelle, car la plupart du temps l'intérêt public et l'intérêt privé sont d'accord pour qu'il en soit autrement. L'économie politique nous apprend, en effet, qu'une nation ne vit et se soutient que par la propagation constante de l'espèce, par le re-

nouvellement successif et progressif des membres qui la
composent. Un peuple chez lequel le nombre des nais-
sances est inférieur à celui des décès est un peuple en
décadence. Or, le législateur, qui tout en étant mora-
liste n'a pas cessé d'être citoyen, a jugé à propos de
ne pas condamner à un célibat perpétuel l'époux ou
l'épouse qui a recouvré son indépendance par la dissolution souvent prématurée de son mariage. Dans un
ordre d'idées plus matérielles, l'existence d'enfants en
bas âge, la prospérité et la consolidation de la famille,
et, il faut bien l'avouer aussi, les besoins physiologiques
mêmes exigent et commandent une nouvelle direction,
de nouvelles forces et un nouveau rapprochement. Ce
sont, sans doute, ces différentes considérations qui
avaient déterminé les Romains et qui ont décidé les rédacteurs de notre code civil à autoriser les seconds
mariages.

Mais cette autorisation comporte des restrictions.
C'est ainsi qu'il faut distinguer, de nos jours encore, si
le mariage est dissous par le prédécès du mari ou par
celui de la femme. Quand c'est le mari qui meurt le
premier, la femme, aux termes de notre article 228, ne
peut se remarier qu'après six mois de viduité. Mais il
est à remarquer que si la femme s'est remariée
sans tenir compte de ce délai, elle n'encourt aucune
peine et que la loi ne prononce pas même la nullité du second mariage [1]. Le mari, devenu veuf, peut,
lui, se remarier quand bon lui semble.

1. Arrêt de la cour de Colmar, 7 juin 1808. — Locré esp. cod.
civ. sur l'art. 228, MM. Toullier, tom. II, n° 651. — Duranton,

L'ancien droit romain ne voulait pas, non plus, que la femme convolât à de secondes noces avant six mois de veuvage. Les empereurs chrétiens exigèrent un an. Pendant ce délai, elle était obligée de porter le deuil de son mari. Si elle s'affranchissait de ces nécessités, elle était, bien que son second mariage restât valable, notée d'infamie ainsi que son second mari et quelquefois aussi leurs pères de famille respectifs. On en vint même jusqu'à la priver des avantages entre vifs ou testamentaires à elle faits par son mari, et, bien plus, à supprimer sa capacité de recevoir et à restreindre sa capacité de disposer par actes de dernière volonté [1]. Deux motifs ont dû faire prendre aux Romains ces mesures énergiques, mesures que nous avons écartées peut-être trop facilement : un motif de convenance d'abord et puis la précaution d'éviter une confusion de parts, *turbatio sanguinis*, qui eût pu rendre incertaine la filiation de l'enfant né dans ce laps de temps de six mois. Il pouvait donc arriver que la femme veuve fût affranchie de porter le deuil tout en restant obligée d'observer le délai légal sans se remarier. Toutefois, si, avant l'expiration des dix mois, elle accouchait, elle reprenait immédiatement sa liberté [2].

tom. II, n° 176. — Valette, sur Proud'hon, tom. I, page 401. — Demolombe, tom. IV, n° 337. — Voir *Contra*, MM. Delvincourt, tom. I, note 4, de la page 65 et Proud'hon, tom. I, page 401.

1. Lois 1, 9, 11, § 4, D. *de his qui not. infam.* Lois 1 et 2, cod. *de Secund. nupt.*

2. Loi 11, §§ 1 à 3 *de his qui not. infam.* — Sous l'empire des lois caducaires, le mari devenu veuf était aussi considéré comme *cœlebs*. La femme, au contraire, jouissait d'un délai de deux ans pour se remarier. (*Vacatio biennii.* Ulp. reg. xiv.)

2° *Par la volonté du père de famille.* — Voilà certes un des effets les plus extraordinaires de la puissance paternelle et que nous avons, à juste titre, refusé d'insérer dans nos lois. Il nous a été donné d'en dire deux mots lorsque nous avons traité des empêchements à mariage résultant de la parenté [1] et aussi à propos des ménagements dont doit user le mari vis-à-vis de son beau-père quand celui-ci, désirant faire rentrer sa fille au domicile paternel, menace son gendre de dissoudre le mariage [2]. La solution semble dure au jurisconsulte, mais comme le droit existe, il faut l'accepter et obtenir, si faire se peut, par la persuasion ce qu'on se trouve dans l'impossibilité d'empêcher autrement. Pouvoir considérable qu'on ne s'explique que par les idées romaines sur l'autorité du chef de famille [3] ! car ce droit de dissolution n'appartenait qu'au père seul en vertu de sa puissance paternelle et jamais à la mère (*filiæ divortium in potestate matris non est* [4]). Par conséquent dès que le père perdait cette puissance, soit en émancipant son fils, soit en le donnant en adoption, il perdait également toutes les pérogatives qui y étaient attachées.

Voyons à présent quand et comment le père de famille pouvait user de son droit.

Il le pouvait, dans le principe, à son gré, sans être obligé d'alléguer aucun motif. Par cela seul que le mariage de son fils ou de sa fille avait cessé de lui plaire, il lui était permis de le dissoudre. Mais comme il s'agis-

1. Voir *supra*, page 23.
2. Voir *supra*, page 39.
3. Voir ce que nous avons dit plus haut à ce sujet.
4. Loi 4, *de Repudiis*. Code.

sait, en définitive, de briser un lien de droit fortement
et légalement formé, de rompre une convention qu'il
avait autorisée lui-même, il était tout au moins nécessaire que cette rupture ne se fît pas seulement par une
simple déclaration de volonté, par un simple retrait de
consentement; mais par un des modes de dissolution
prévus par la loi. Deux moyens étaient offerts au
paterfamilias pour atteindre ce résultat : 1° ayant son
fils en puissance il pouvait adopter sa bru, ou réciproquement et, de cette façon, créer entre les deux époux
des rapports nouveaux de frère à sœur incompatibles
avec leurs rapports préexistants. Il est vrai qu'on eût pu,
dans cette hypothèse, déclarer l'adoption nulle et maintenir la validité du mariage; mais la loi décidait le
contraire [1]. 2° Il pouvait également recourir directement au divorce et signifier lui-même la *répudiation*.
Cette faculté lui fut retirée par Antonin le Pieux ou par
Marc-Aurèle : on ne sait pas au juste. On ne la lui ré-
serva que dans des cas très-graves *magna et justa
causa*, par exemple, lorsque l'enfant, devenu fou, n'a-
vait plus la liberté d'esprit nécessaire pour signifier lui-
même la répudiation [2].

3° *Par la servitude encourue jure civili.* — Dans le
droit classique, on devenait esclave *jure civili* de quatre manières : 1° pour avoir été condamné *ad metallum*
ou *ad bestias*; 2° pour, la femme libre, avoir entretenu
des relations avec un esclave et y avoir persisté; 3° pour

---

1. Loi 67, § 3, D. *de Rit. nupt. Théoph. sur le § 1, de Nupt.*
2. Paul. V, 6, § 15. — II, 19, § 2. — Loi 3, cod. *de Repud.* —
Loi 4, Digeste *de Divort.*

ingratitude envers son patron; 4° enfin pour avoir aliéné sa liberté. Justinien supprima le sénatus-consulte Claudien applicable au second cas [1]. La novelle 59 de l'empereur Léon fit disparaître le quatrième, de telle sorte, qu'en dernier lieu, la dissolution du mariage pour cause de servitude encourue *jure civili* n'atteignit plus que les condamnés et les affranchis.

4° *Par la captivité.* — Nous avons eu précédemment l'occasion d'examiner assez longuement les effets de la captivité sur le mariage. Nous nous contenterons donc de rappeler, qu'en principe, le mariage est dissous dès que l'un des époux est retenu captif et que, par suite, celui des deux qui est resté peut se remarier aussitôt. On n'oubliera point, cependant, que Justinien tempéra dans une certaine mesure, la rigueur de ce principe. Depuis cet empereur la captivité n'opère plus la dissolution des justes noces qu'après cinq ans. Si, avant l'expiration de ce délai, l'époux présent a contracté un second mariage, il encourt les peines dont est frappé l'époux qui a donné lieu au divorce par ses torts personnels [2].

5° *Par le divorce.* — Dans toute société, la bonne harmonie entre les associés, l'estime qu'ils ont l'un pour

---

1. Loi unique au cod. *de Sens. cons. Claud. toll.* La déportation et l'interdiction de l'eau et du feu faisaient incontestablement perdre la qualité de citoyen romain. Par conséquent le déporté et l'interdit devenaient pérégrins, leur mariage se transformait en mariage du droit des gens. Mais une chose bien curieuse à noter, c'est que cette transformation n'enlève pas à la dot son caractère. Elle reste à l'abri de la confiscation et susceptible d'être répétée par l'action *rei uxoriæ.*

2. Loi 6, D. *de Divort.*

l'autre, l'obéissance absolue aux statuts sont autant de conditions essentielles qui concourent à la faire vivre et prospérer. Les mêmes éléments se rencontrent dans la société (*societas vitæ*) créée par le mariage. L'union de l'homme et de la femme repose sur cette présomption, qu'il y a entre eux, à l'heure où ils contractent, convenance et affection et que sur cette communauté de goûts, sur cet échange de tendresse, l'avenir doit asseoir les bases d'une union heureuse et indissoluble. Mais si, contrairement à cette prévision, le bonheur qu'on avait espéré est devenu irréalisable, si le mariage n'offre, comme cela arrive trop souvent, hélas! que le spectacle navrant d'une lutte continuelle entre la persécution et la résignation et quelquefois même d'une guerre réciproque et sans merci, ira-t-on jusqu'à imposer au bourreau et à la victime, ou bien aux belligérants de continuer le sacrifice et les hostilités jusqu'à ce que la mort ne vienne y mettre un terme? La religion chrétienne qui a élevé le mariage à la hauteur d'un sacrement et qui en a proclamé l'indissolubilité n'a pas osé pourtant aller jusqu'au bout. Elle a cherché un remède aux unions malheureuses et mal assorties: elle l'a trouvé, dit-elle, dans la séparation de corps. « Remède impuissant qui ne rompt pas la chaîne, mais qui la rend plus longue et par conséquent plus lourde ; qui condamne les deux, le coupable et la victime, aux mêmes peines, au célibat et à la stérilité [1]. »

Les anciens, quoique païens, s'étaient montrés plus humains. Les Grecs et les Romains autorisaient et

[1] M. Alexandre Dumas fils, *l'Homme-Femme*, page 104.

pratiquaient le divorce, c'est-à-dire, non plus seulement la remise de l'obligation de vivre ensemble, mais
la dissolution même des nœuds conjugaux. A Rome
on poussait le principe très-loin : la loi ne s'était pas
contentée de permettre le divorce, mais elle en assurait
la liberté pleine et entière en frappant de nullité toutes
conventions conclues dans le but de l'entraver ou de le
limiter [1]. Un acte législatif que Montesquieu fait remonter à Romulus permet au mari de répudier sa
femme lorsqu'elle a commis un adultère, préparé du
poison ou falsifié de fausses clefs, ou bien encore lorsqu'elle a présenté comme siens des enfants dont elle
n'était pas la mère et aussi lorsqu'elle a bu du vin à
l'insu de son mari [2]. Mais par contre, dans aucun cas,
la femme n'était admise à répudier son mari. Ce fut
la loi des Douze tables qui inaugura le système de réciprocité [3].

Bien que le divorce fût admis en droit, il se passa,
s'il faut en croire les historiens, plusieurs siècles avant
qu'on le vît apparaître dans la pratique ; il faut aller
jusqu'à l'an 520 de la fondation de Rome avant d'en
trouver un exemple [4]. C'est le divorce de Carvilius
Ruga qui eut lieu pour les motifs que nous connaissons
déjà [5]. Mais une fois entré dans les mœurs et les habi-

1. Loi 2, cod. *de inut. Stipul.*
2. Montesquieu, *Esprit des lois*, liv. XVI, chap. xvi. — Nieupoort,
Cond. des Romains, page 291.
3. Cicéron, *Philippe*, 11, 28.
4. Valère Maxime, *Dict. factaque memor.* II, cap. i, Aulu-Gelle,
iv, 3, § 2; xvii, 21, § 44.
5. Voir chap. ii, page 21, note 2.

tudes, le divorce devint un abus, une véritable plaie sociale, à ce point que Juvénal a pu s'indigner contre ces femmes qui prennent et répudient huit maris successifs en cinq années [1]. « Mais ce fait, observe M. Accarias, ne doit pas être considéré comme un simple résultat des causes naturelles qui tendaient à altérer les mœurs ; il faut l'imputer aussi aux *lois caducaires* qui poussant les citoyens à des unions précipitées et sans choix, accéleraient ainsi artificiellement la dépravation qu'elles prétendaient arrêter [2]. »

Le mot *divortium* signifie à proprement parler le point d'intersection de deux chemins qui s'écartent dans des directions opposées [3]. « Divortium autem dictum est quia in diversas partes eunt qui distrahunt matrimonium [4]. » Il est bien évident d'ailleurs que le divorce suppose, avant tout, un mariage valable [5].

De l'examen des textes il résulte que les Romains reconnaissaient deux espèces de divorce, celui qui s'opérait *bona gratia*, d'un consentement mutuel, et celui qui était réclamé par l'un des époux seulement *cum ira et offensa* [6]. Il n'apparaît pas, jusqu'à Auguste du moins, que les divorces *bona gratia* ou par voie de *répudiation*, aient été soumis à aucune formalité. Néanmoins, dans l'usage, l'époux qui voulait divorcer faisait signifier sa volonté à l'autre par un affranchi chargé de remettre un

---

1. Juvénal, *Sat.* II, v. 229.
2. M. Accarias, *Précis de droit romain*, page 196.
3. Virgile, *Enéid.* IX, v. 279.
4. Loi 101, § 1, D. *de Verb. signifcat.*
5. Même loi et loi 191, eod titul.
6. Loi 38, § 10, D. *de Don. int. vir. et ux.*

libelle ainsi conçu : *Tuas res tibi habeto* ou *tuas res tibi agito*, suivant qu'il émanait du mari ou de la femme. Cependant la loi *Julia de adulteriis*, afin de fixer le point de départ du temps pendant lequel la femme pouvait être poursuivie pour adultère, exigea à peine de nullité que le divorce n'aurait plus lieu qu'en présence de sept témoins citoyns romains et pubères, non compris l'affranchi porteur de l'acte de répudiation [1].

Malgré l'invasion des idées chrétiennes dans la société romaine, malgré leur influence quelquefois heureuse sur ses institutions, les apôtres de la religion nouvelle ne purent faire cependant que le divorce fût complétement et légalement supprimé. Leurs efforts aboutirent néanmoins à le rendre plus difficile en restreignant ou en déterminant ses causes et en aggravant ses effets [2]. C'est ainsi que Justinien fut amené à interdire formellement le divorce par consentement mutuel (*bona gratia*) « nisi forte quidam castitatis concupiscentia hoc fecerint [3]. » Il ne resta donc plus que le divorce pour causes déterminées. Encore fallut-il qu'il fût fondé sur un des motifs indiqués par les empereurs Théodose et Valentinien. Les justes causes de répudiation du mari par la femme étaient : si elle pouvait prouver que son mari était adultère, ou homicide, ou empoisonneur, ou qu'il

---

1. Loi 9, D. *de Divortiis*, Loi 1, § 1. D. *unde vir.*
2. D'après Saint Matth. v. 32, le mari ne pouvait répudier sa femme que dans le cas d'adultère et jamais la femme, quelque motif qu'elle eût à alléguer, ne pouvait répudier son mari.
3. Nov. 117, cap. x, et nov. 131, cap. 11. Mais la nov. 110 rapporta ces deux constitutions et permit de nouveau le divorce *bona gratia.*

complotait contre i'Etat, ou qu'il avait été condamné comme faussaire, ou qu'il exerçait des brigandages, ou qu'il introduisait chez lui, sous les yeux de sa femme, des filles de mauvaise vie pour les entretenir, ou qu'il avait attenté à la vie de sa femme, ou qu'il l'avait frappée [1] ; ou encore s'il avait tenté de la prostituer ou s'il avait succombé dans une accusation d'adultère dirigée contre elle [2]. Il n'était pas permis non plus au mari de répudier sa femme, si ce n'est pour causes de même espèce que celles ci-dessus et pour mauvaise conduite, comme par exemple : parce qu'à l'insu de son mari elle mangeait chez les étrangers, ou parce qu'elle découchait malgré lui, ou parce que, malgré ses défenses, elle fréquentait les spectacles [3] ; ou parce qu'elle s'était fait avorter, ou parce que, pour assouvir sa lubricité, elle se baignait avec des hommes [4]. Hors ces cas, le mari ou la femme qui avait répudié son conjoint était puni de la perte de tout ou partie de ses avantages matrimoniaux et même d'une partie de ses propres biens [5]. On allait même jusqu'à décider que la répudiation faite sans aucune des causes ci-dessus spécifiées serait incapable

1. Loi 8, § 2, cod. de Repudiis.
2. Nov. 117, cap. ix. Mais en permettant à la femme de répudier pour ces deux dernières causes, la même novelle ne lui permet plus de le faire pour aucune autre cause, si ce n'est dans le cas d'un complot contre l'Etat, d'une tentative de meurtre sur la personne de la femme, ou d'entretien d'une concubine dans la maison conjugale.
3. Loi 8, § 3, cod. de Repud.
4. Loi 11, § 2, cod. eod. Nov. 117, cap. 8.
5. Nov. 117, cap xiii.

d'opérer la dissolution du mariage[1]. Bien plus, les conjoints qui avaient divorcé sans cause, ou celui des deux qui par sa faute avait donné lieu au divorce, étaient punis, corporellement la femme de la déportation, le mari d'un célibat perpétuel. Mais aucun des deux n'était puni si tous les deux étaient en faute, comme par exemple, si tous deux avaient manqué à la fidélité conjugale[2]. Le divorce qui avait eu lieu sans motif bien sérieux, n'empêchait pas à la vérité le mariage d'être dissous, mais, imputable à la femme, il lui enlevait à jamais le droit de se remarier ; imputable au mari, il l'en privait pendant deux ans.

Voyons maintenant quels étaient les effets du divorce relativement et aux époux divorcés et aux enfants issus de leur union.

Le divorce, avons-nous dit, dissout le mariage ; il brise les liens qui unissaient entre eux les époux et rend à chacun d'eux sa liberté. De telle sorte que l'un et l'autre peuvent immédiatement après convoler à de secondes noces [3]. Mais, à l'égard de la femme, deux

6. Même nov. cap. xii.

1. Loi 39. D. *de Solut. matrim.* Le mari était censé avoir répudié sans cause si la maladie de sa femme, devenue furieuse ou imbécile, n'était pas incurable, ou si elle avait des intervalles lucides, ou si sa fureur n'était pas encore telle que ses gens ne pussent la supporter. (Loi 22, D. § 7, *de Solut. matrim.*) La répudiation par le mari n'était pas sans juste cause si, depuis le mariage, sa femme avait été condamnée pour adultère par elle commis lorsqu'elle était engagée dans un précédent mariage. (Loi 11, *in fine ad leg. Jul. de adult.*)

2. Sous l'empire des lois caducaires, l'homme divorcé retombait aussitôt dans la classe des célibataires. La femme dans le même

dispositions législatives prévoyant deux hypothèses assez curieuses, nous apprennent qu'elle était quelquefois l'objet de mesures spéciales. Ces mesures devenaient nécessaires dans les deux cas suivants : 1° Si la femme se prétendait enceinte ; 2° si elle prétendait le contraire.

Une fois le divorce accompli, si la femme se croyait enceinte, elle était tenue dans les trente jours de dénoncer sa grossesse à son mari ou au père de celui-ci, *ut ad ventrem inspiciendum observandumque custodes mittant*. Les gardiens avaient pour mission de surveiller la femme afin d'empêcher une supposition de part. Mais si l'épouse divorcée s'était refusée à dénoncer sa grossesse ou à recevoir les gardiens qui lui étaient envoyés, il était loisible au père ou à l'aïeul de ne pas reconnaître l'enfant qu'elle mettait au monde. C'est ainsi que le décidait le sénatus-consulte Plancien [1].

Un rescrit de Marc-Aurèle s'était occupé du second cas. Si la femme prétendait qu'elle n'était pas enceinte et que le mari eût des doutes sur la sincérité de sa déclaration, il pouvait exiger qu'elle fût visitée par cinq matrones, choisies par le préteur. Si de la vérification matérielle il résultait que la femme était bien en état de grossesse, on lui donnait des gardiens ou on l'envoyait faire ses couches dans la maison *honestissimæ feminæ*. Là elle était l'objet d'une surveillance excessive, brutale même, ainsi que l'atteste l'édit du préteur [2].

cas, jouissait d'un délai de dix-huit mois pour se remarier, sans encourir aucune des peines édictées par ces lois.

1. Paul, *Sent.* II, 21, §§ 5 et 6. Loi 1, *de Agnosc.* et al. lib. *Digeste*, xxv, 3.

2. Paul, *Sent.* II, 21, § 7 et 9. Loi 1, D. *de Inspic. vent.*

Quant aux enfants communs il appartenait aux magistrats de décider chez lequel, du père ou de la mère, ils seraient nourris et élevés; car aucune loi n'avait statué que les garçons resteraient au père et les filles à la mère [1].

Mais la novelle 117 modifia ainsi qu'il suit la disposition précédente : si le père a répudié sans cause, les enfants seront nourris par la mère aux dépens de celui-ci, du moins tant que la mère ne se remariera pas; si c'est la femme au contraire, qui a été cause du divorce, les enfants seront élevés par le père ; cependant s'il est privé de ressources et que la mère soit riche, c'est elle qui sera tenue de les garder et de les nourrir à ses frais.

1. Loi unique au code *Divortio facto*.

DROIT FRANÇAIS

INTRODUCTION

C'était pour nous une tâche d'autant plus ingrate d'entreprendre un travail sur le *mariage putatif*, que cette matière a déjà été traitée avec une grande autorité par les commentateurs du Code civil et qu'elle a fait l'objet, il y a peu de temps encore, d'une thèse très-remarquable, écrite de main de maître, qui eut l'honneur, lors de sa présentation [1], de mériter l'accueil le plus flatteur de la faculté tout entière et une apostille spéciale signée du Doyen [2]. Aussi avons-nous cru bien faire, avant de nous mettre à l'œuvre, de lire attentivement cette intéressante monographie, afin d'en saisir le plan et d'en pénétrer l'esprit. L'auteur voudra bien nous pardonner d'avoir pu blesser sa modestie en rappelant, chaque fois que nous en avons

---

[1]. *Du mariage putatif et de ses effets*, thèse pour le doctorat soutenue devant la faculté de droit de Dijon par M. Paul Gaudemet, le 22 août 1863.

[2]. M. Morelot, alors doyen de la faculté de droit de Dijon.

8

trouvé l'occasion, les opinions nouvelles qu'il a présen-
tées et défendues avec un bonheur et une science que
nous lui envierions si nous avions quelque prétention
juridique. Il nous pardonnera aussi d'avoir suivi autant
que possible, l'ordre et la marche de sa dissertation.
Nous ne pouvions, d'ailleurs, avoir un guide plus sûr et
mieux éclairé. Sur différents points, cependant, nous
nous sommes vu contraint de prendre une route opposée à la sienne, et ce, moins par amour de la controverse que par désir de la vérité. Quant aux professeurs
qui se sont montrés si justes en décernant leurs éloges
au maître dont nous nous sommes inspiré, nous les
prions de ne point se montrer trop sévères pour l'élève
qui se présente aujourd'hui devant eux.

DU MARIAGE PUTATIF

HISTORIQUE

I. Droit romain. — II. Comment la théorie du *mariage putatif* passa dans notre ancien droit ; droit canonique ; *décrétales*. — III. Pays de droit écrit, pays de droit coutumier.

I. Si de nombreuses dispositions de notre droit civil actuel ont leur source dans le droit romain, ce n'est certes pas à celui-ci que nos législateurs ont emprunté la théorie du *mariage putatif*. A la vérité, aux yeux mêmes des Romains, la bonne foi n'était pas toujours sans effet sur les unions frappées de nullité. Nous savons, au contraire, que l'erreur et la bonne foi servaient quelquefois à valider un mariage nul d'après la loi, comme, par exemple, dans l'*erroris causæ probatio* [1]. Mais le sénatus-consulte qui avait créé l'*erroris causæ probatio*, avait c.. principalement en vue d'encourager la paternité . Aussi n'était-il permis de l'invoquer qu'autant que l'union avait été féconde ; si elle était demeurée stérile, la bonne foi du mari n'empêchait plus que le

---

Voir 1re partie, droit romain, chap. iv. pages 85 et suiv.

mariage restât nul. Il est encore à remarquer que le
sénatus-consulte dont parle Gaius, ne distinguait pas
le cas où les deux époux avaient été de bonne foi de
celui où l'un des deux avait été de mauvaise foi. La
théorie de l'*erroris causæ probatio* est d'ailleurs la seule
que nous trouvions dans les lois romaines ayant trait
aux effets de la bonne foi en matière de nullités de mariage; encore ne s'appliquait-elle qu'aux nullités résultant
du défaut de *connubium* entre citoyens romains pérégrins
et latins. Ces nullités n'étaient cependant pas les seules
qui pussent atteindre un mariage. Sous l'empire, le nombre s'en accrut tellement qu'il devait arriver fréquem-
ment que le lien conjugal se trouvât rompu parce que
les époux avaient ignoré les empêchements qui s'oppo-
saient à ce qu'ils pussent contracter une union valable.
La bonne foi, alors, n'était-elle donc d'aucun secours?
Malgré le silence des textes, il est probable, qu'en pa-
reille occurrence, les empereurs usaient de leur pouvoir
législatif et que, de leur propre autorité, ainsi que l'atteste la loi 57 D. *de rit. Nupt.* ils accordaient [1] par un *rescrit* tout ou partie des effets civils d'un mariage ordinaire.

Tels sont, sur la matière que nous nous proposons de
traiter, les documents que nous a légués le droit romain.

II. — Si ce legs, tel qu'il est, avait suffi aux rédacteurs du Code Napoléon pour organiser ou plutôt
pour poser en principe dans les articles 201 et 202 la
fiction du *mariage putatif*, c'est à eux seuls que revien-

---

1. Voir la 1re partie, droit romain, chap. 1er, page 77.

drait l'honneur de l'avoir introduite dans nos lois. Mais avant que cette théorie ne prît place dans notre Code civil, notre ancien droit lui avait donné asile, et d'Aguesseau avait pu dire : « Nous l'avons adoptée dans nos mœurs et vos arrêts l'ont suivie [1]. » Toutefois, avant de passer dans l'ancien droit, cette fiction était née et s'était développée dans le droit *canon*. En effet, ce sont les docteurs de l'Eglise qui, s'emparant des idées romaines pour les élargir et les transformer. en firent. les premiers, l'application, sous une autre forme, et dans un autre but aux cas nombreux de nullités créés successivement par les conciles.

On pourrait s'étonner que le législateur laïque ait laissé à l'Eglise l'initiative de cette mesure. Pour se l'expliquer il faut se rappeler, qu'au moyen âge, le droit de statuer sur les questions d'état et notamment sur les demandes en nullité de mariage avait été expressément concédé aux tribunaux ecclésiastiques. Ceux-ci, embarrassés quelquefois, soumettaient les difficultés au pape, dont les décisions, sous le nom de *décrétales*, servaient de lois interprétatives aux juridictions de l'Eglise et même, par la suite aux juridictions civiles. Peu à peu une jurisprudence uniforme s'établit, les jugements rendus pour un cas spécial se généralisèrent et furent érigés en règles de droit applicables dans des cas analogues. C'est ainsi que ces règles « passées dans les mœurs et dans les arrêts », suivant les expressions de

---

1. *Œuvres de d'Aguesseau*, tom. IV, page 274.

d'Aguesseau, se transmirent jusqu'à nous et reçurent leur consécration dans le Code Napoléon.

Cela dit, voyons maintenant dans quel but a été imaginée cette théorie, quels sont les principaux monuments qui attestent ses origines, et enfin dans quelles circonstances on pouvait l'invoquer.

En logique pure, ce qui est nul ne peut produire aucun effet. Or d'un mariage annulé ne saurait découler aucun des effets d'un mariage valable. Les époux devraient donc, rigoureusement, être considérés comme des concubins, leurs enfants comme des enfants naturels, et leurs conventions matrimoniales comme n'ayant jamais existé. Telles étaient effectivement les conséquences que les Romains tiraient du principe [1]. Mais les docteurs de l'Église comprirent que la logique peut, certaines fois, se trouver en désaccord avec l'équité et qu'elle l'outrage ouvertement, quand, par exemple, elle place sur la même ligne, dans le sujet qui nous occupe, ceux qui ont pensé contracter un mariage valable et ceux qui, au contraire, ont su qu'ils formaient une union susceptible d'être annulée. Autant la loi doit se montrer sévère pour les personnes qui, la connaissant, l'ont sciemment méconnue, autant elle doit être indulgente pour ceux qui, l'ignorant, l'ont involontairement violée. C'est de cette considération qu'est sortie la distinction sur laquelle repose le mariage putatif. Les époux, au moment où ils se sont mariés, étaient-ils de mauvaise foi ou étaient-ils de bonne foi? Toute la ques-

---

1. Just. Inst. liv. Ier, tit. x, § 12.

tion est là. Dans le premier cas la loi doit annuler. « Il
le faut, dit M. Demolombe, soit afin de punir
cette infraction, soit surtout afin d'intimider et de prévenir par l'exemple des infractions nouvelles, il le faut,
enfin, pour que la loi soit la loi [1]. » Dans le second cas
il est de toute justice de tenir compte aux époux de
l'erreur qu'ils ont commise. Eh quoi ! la bonne foi suf-
firait à faire acquérir par prescription, une maison, un
droit purement pécuniaire et elle serait impuissante à
protéger contre les effets désastreux d'une nullité qu'on
n'avait pu ni prévoir ni prévenir, l'honneur des familles,
l'intérêt des enfants, l'intérêt même de la société ! !...
Ce résultat eût été d'autant plus injuste à l'époque où
nous nous plaçons, que l'Eglise, ayant multiplié le
nombre des empêchements à mariage, il fallait des
précautions infinies pour mettre son union à l'abri d'une
action en nullité. Aussi le droit canonique avait-il admis les époux qui pourraient se prévaloir d'une erreur
excusable à réclamer les effets civils qu'aurait produits
leur mariage s'il eût été valable.

Trois décrétales fameuses nous révèlent l'existence du
mariage putatif dans le droit canon. Elles nous apprennent en même temps quels mariages pouvaient être considérés comme putatifs et quels étaient les caractères
de la bonne foi. Ce sont les décrétales : *Cum inhibitio*
(§ *si quis X de clandestina desponsatione*). *Cum inter* et
Ex tenore (*C. 2 x — C.14, x Qui filii sunt legitimi.*)

La décrétale *Cum inhibitio* exigeait pour qu'il y eût

1. Demol. *Mariage*, tom. I, n° 351.

mariage putatif que non-seulement les époux eussent été de bonne foi mais encore qu'il y eût eu célébration *in faciem Ecclesiæ* [1]. Car on considérait comme ayant agi de mauvaise foi ceux qui s'étaient mariés hors la présence d'un prêtre ou qui avaient négligé de faire précéder leur mariage de publications. Si leur union venait, plus tard, à être déclarée nulle pour cause de parenté au degré prohibé, l'Eglise ne voyait dans un tel mariage qu'un simple concubinage quand bien même les époux auraient ignoré leur degré de parenté, *etiam ignorantes*.

Quant au sort des enfants, issus d'un mariage annulé, le droit romain paraît s'en être peu préoccupé. Par exception, les enfants pouvaient être déclarés légitimes, ainsi que nous l'avons vu dans l'hypothèse du rescrit de Marc-Aurèle [2]. Mais ce n'était qu'une faveur ; en réalité leur condition juridique n'était autre que celle des *spurii concepti*. La décrétale *Cum inter* rendue par Alexandre III déclara ces enfants légitimes, leur accorda le droit de succéder à leurs parents et celui d'exiger d'eux des aliments [3]. Cette disposition passa dans notre ancien droit. « L'Eglise et l'Etat, dit d'Aguesseau, tiennent compte à ceux qui contractent un mariage de l'intention qu'ils avaient de donner des enfants légitimes à la République... On ne laisse pas de récompenser en

---

1. Herlius, *de Matrim. putat.*
2. Loi 57 D. *de rit. Nup.*
3. « Non minus habeantur legitimi et quod in bona paterna hereditario jure succedant et de parentum facultatibus nutriantur. » (C.. *Qui filii sunt legit.*)

eux le vœu, l'apparence, le nom du mariage et l'on regarde moins ce que les enfants sont que ce que les pères
auraient voulu qu'ils fussent. »

Il y avait cependant un cas que les deux décrétales
précédentes n'avaient pas prévu. Lorsque l'un des époux
seulement avait été de bonne foi, les enfants ne devaient
ils être considérés comme légitimes que vis-à-vis de celui-ci devaient ils l'être aussi à l'égard de l'époux de mauvaise foi ? On tenait généralement pour l'affirmative. Inno-
cent III trancha la question en ce sens par la décrétale
Ex tenore qui remonte à l'an 1213, déc étale inspirée,
sans nul doute, par le même motif qui avait dicté au
pape Alexandre III la décrétale *Cum inter.* [1]

Ces deux décrétales, avons-nous dit, accordèrent aux
enfants le droit de venir à la succession de leurs parents
et d'y concourir même avec les enfants nés d'une première union valable. Ce droit, cependant, leur était retiré
dans deux cas : 1° Si la nullité du mariage provenait de
ce que l'un des conjoints était mort civilement [2] ; 2° si
l'union des époux blessait trop ouvertement l'honnêteté
publique [3].

III. Nos anciennes juridictions d'accord pour reconnaître et accepter le principe du mariage putatif se di-

___

1. Voir toutefois l'opinion de l'avocat général d'Ormesson *Nou-
teau Denizart* ; bonne foi, § 1, et aussi Merlin et Portalis.

2. Cette exception est due au droit civil, car le droit canonique
n'admettait pas la mort civile.

3. Cette restriction a été apportée par la décrétale *Referente nobis*
du pape Célestin III. Hertius pense qu'il s'agissait dans l'espèce
d'une erreur inexcusable ou d'un mariage clandestin *de matrim.
put.* § 23.

visèrent quant aux effets qu'il devait produire relativement aux droits pécuniaires des conjoints.

Dans les pays de droit écrit, où le droit des pandectes
prévalait, la femme rentrait en possession de sa dot au
moyen d'une action en répétition qui remplaçait pour
elle l'action *rei uxoriæ* devenue impossible *quia dotis
appellatio non refertur ad ea matrmionia quæ consistere
non possunt* [1].

Dans les pays de coutumes où la bonne foi faisait produire au mariage les effets civils, la femme putative
était admise au partage de la communauté d'entre elle et
son mari sans pouvoir, toutefois, exiger, dès à présent,
la délivrance de son douaire en vertu de cet adage que
jamais mari ne paya douaire [2]. Bien plus les conventions matrimoniales étaient valables, absolument comme
si le mariage eût légalement existé.

---

1. *Inst. Just. Liv. I, tit. x, § 12 — Loi 3 D. de jure dotium.*
2. Loysel, *Inst.* cout. liv. I, tit. III, max. 6. Cependant si le mari
est banni, absent, ou s'il compromet le douaire de sa femme par
sa négligence et sa mauvaise administration, celle-ci « se pourra
pourvoir par justice pour avoir et recourrer par provision son dit
douaire » (*Coutume du Nivernais*, tit. xx, art. 6).

CODE NAPOLÉON

Article 201. — « Le mariage qui a été
» déclaré nul, produit néanmoins les
» effets civils, tant à l'égard des époux
» qu'à l'égard de. enfants, lorsqu'il a
» été contracté de bonne foi. »

Article. 202. — « Si la bonne foi
» n'existe que de la part de l'un des
» deux époux, le mariage ne produit
» les effets civils qu'en faveur de cet
» époux et des enfants issus du ma-
» riage. »

Généralités. — Il est heureux, sans doute, que la théorie du mariage putatif qui ne devait qu'à l'usage son introduction dans l'ancien droit, ait reçu sa consécration légale dans le code Napoléon ; mais il est à regretter que nos législateurs se soient contentés seulement d'en poser le principe dans les articles 201 et 202, sans lui donner de nom, sans le définir, sans en bien circo. scrire les effets. Aussi le sujet abonde-t-il en questions controver. ées dans lesquelles l'interprétation s'est souvent substituée au texte. De là sur les principaux points des systèmes sans nombre. Nous allons essayer d'en faire l'examen et, sans avoir la prétention de donner le jour à des idées nouvelles, tenter de faire accepter celles qui nous ont paru se rapprocher davantage et de l'équité et de la loi.

Nous diviserons notre travail en quatre chapitres.

Dans le *premier*, nous dirons ce qu'il faut entendre par *erreur* et *bonne foi* et quels sont les mariages susceptibles d'être déclarés *putatifs*.

Dans le *second*, nous parlerons des effets du mariage putatif à l'égard des *enfants*.

Dans le *troisième*, de ses effets à l'égard des *époux*.

Dans le *quatrième*, de ses effets à l'égard des *tiers*.

CHAPITRE Ier

I. Définition du mariage putatif : de la *bonne foi* et de l'erreur. — II. Qui doit faire la preuve de la bonne foi. — III A qui est opposable et par qui peut être invoqué le jugement qui l'a reconnue. — IV. Mariages *nuls* ; mariages *annulables*.

I. Hertius définit ainsi le mariage putatif : « Matrimonium putativum est quod bona fide et solemniter, saltem opinione conjugis unius justa contractum inter personas jungi vetitas consistit. » De là nos anciens auteurs ont conclu, que pour qu'il y ait mariage putatif, trois conditions sont exigées : 1° *bonne foi* (bona fide,) 2° *solennité* de l'acte (solemniter), 3° *erreur excusable* (opinione justa) [1].

Le Code Napoléon n'ayant pas défini le mariage putatif, on s'est demandé si la définition d'Hertius était encore exacte de nos jours, et si la bonne foi dépendait toujours de la simultanéité des trois conditions que nous venons de voir.

Bon nombre de commentateurs, et des plus autorisés, ont résolu cette question affirmativement [2]. Quant à nous, nous serions plus disposé à croire qu'aujour-

1. Nouveau Denizart, V. *Bonne Foi des contractants*, tom. III ; — Toullier, tom. I, numéro 655.
2. Proudhon, tom. II, p. 3. — Duranton, tom. II, n°s 318, 350. — Vazeille, tom. I, n°s 272-275.

d'hui, la loi n'exige plus qu'une seule condition, la *bonne foi*. Assurément la publicité du mariage, l'erreur invincible des époux, seront autant de circonstances que les juges devront prendre en considération pour l'admettre ; mais il ne s'ensuit pas qu'elle ne saurait exister sans les trois éléments dont Hertius la fait dépendre[1].

Ira-t-on, cependant, jusqu'à dire qu'elle existerait même lorsqu'il y aurait eu de la part des époux ou de l'un d'eux erreur de droit : en d'autres termes, l'erreur de droit, comme l'erreur de fait, peut-elle servir de base à un mariage putatif?

Prenons un exemple : Un oncle a épousé sa nièce. Ce mariage peut être le résultat d'une double erreur : d'une erreur de fait, si les parties ont ignoré leur degré de parenté ; d'une erreur de droit, si, sachant qu'ils étaient parents, et à quel degré, ils ont cru qu'il leur était légalement permis de se marier.

Beaucoup d'auteurs enseignent que l'erreur de droit ne saurait faire produire les effets civils à un mariage nul. Car, disent-ils, personne n'est censé ignorer la loi. Et, du reste, *facile erat scire*, il fallait s'informer, se renseigner[2]. Et puis, comment arriver à faire la preuve d'une telle erreur ? Admettre cette preuve, ne serait-ce pas ébranler, affaiblir, énerver l'autorité des lois[3]?

1. Demol., *Mariage*, tom. I, n° 353.
2. Loi 9, § 3, D. *de jur. et fact. ignorant.*
3. En ce sens, MM. Delvincourt, tom. I, note 3, p. 71. — Toullier, tom. I, page 658. — Proud'hon, tom. II, pages 3, 4. — Duranton, tom. II, n° 351. — Vazeille, tom. I, n° 272. — Colmar, 11 juin 1838. — Poitiers, 7 janvier 1813.

Cette solution rigoureuse, admise par notre ancienne doctrine, appliquée même par quelques arrêts, est aujourd'hui vivement combattue et presque universellement repoussée « Nul n'est censé ignorer la loi, » dit-on. Mais cette maxime n'est écrite nulle part et, en matière civile, elle est loin d'être une présomption absolue, un *critérium* de vérité. On ajoute *qu'il fallait consulter.* Mais pour s'enquérir et s'éclairer il faut être dans le doute. Or, ici, nous supposons que les parties sont dans une confiance et dans une certitude complètes. Elles ne cherchent pas à apprendre puisqu'elles croient savoir. Enfin, comme le fait très-bien remarquer M. Demolombe, cette objection ne saurait être spéciale à l'erreur de *droit*, elle peut tout aussi bien s'adresser à l'erreur de *fait.* En troisième lieu, on prétend que le système d'assimilation « porterait une atteinte funeste à l'autorité des lois. » Oui, assurément, si l'on favorisait autant celui qui les a volontairement violées que celui qui s'y est conformé. Or, le but du législateur est tout autre. Il veut que la bonne foi existe : son exigence se borne là. Qu'elle se rencontre dans une erreur de *droit* ou dans une erreur de *fait*, il ne distingue pas. Pourquoi, d'ailleurs, aurait-il distingué? Est-ce que dans l'un et l'autre cas, les parties ne sont pas dignes du même intérêt [1].

1. Aubry et Rau sur Zachariæ, tom. IV, page 43; — Massé et Vergé, tom. I, page 200; — . Duc. Bon. et Roust. tom. I, n° 349; — Duvergier sur Toullier, tom. I, n°658, not. a; — Demol. *Mariage*; tom. I, n° 357; — Cass. 11 août 1851; — Aix, 11 mars 1858; — Paris, 9 février 1860. — Metz, 7 février 1851.

Faut-il, au moins, que l'erreur (erreur de droit ou erreur de fait) soit *excusable*, en un mot, qu'il y ait, suivant l'expression d'Hertius, *justa opinio?*

Pour qu'il y ait erreur *excusable*, il faut que les époux aient pris pour l'éviter toutes les précautions nécessaires, notamment qu'ils aient fait précéder leur union des publications prescrites par l'art. 63 du Code Napoléon. Sur ce point, nous sommes d'avis que la bonne foi ne doit pas être forcément écartée par cela seul que les parties n'auraient pas fait tout ce qu'il fallait faire pour être instruites des empêchements qui existaient entre elles. Les juges, d'après les circonstances, estimeront s'il y a lieu de l'admettre ou de la rejeter. L'instruction des époux, leur condition sociale, leur âge, leur sexe, seront, pour les tribunaux, autant d'éléments d'appréciations, autant de faits qui serviront à expliquer l'ignorance des contractants [1].

II. — Voyons, maintenant, qui doit *prouver* la bonne foi. En principe, c'est à celui qui allègue un fait à établir que ce fait existe. Toutefois, en notre matière, ce principe est renversé. Ce n'est plus à celui qui prétend être de bonne foi à démontrer qu'il l'est en effet, mais bien à son contradicteur à démontrer la mauvaise foi : « Error potiusquam dolus præsumitur in eo qui palam male

---

1. Conf. MM. Delvincourt, tom. I, page 75, note 2; —. Toullier tom. I, n° 659. — Duranton, tom. II, n° 350. — Voir toutefois Vergé et Massé, tom. I, page 200 : — Marcadé sur les art. 201 et 202. — Demol. tom. I, *Mariage*, n° 358 ; — Dalloz. J. G. *Mariage*. n° 592 ; — Metz, 7 février 1851; — Aix, 11 mars 1858.

fecit [1]. » Quelques auteurs ont proposé, à cet égard
une distinction que nous ne croyons pas fondée. D'a-
près eux, lorsque la bonne foi reposerait sur une erreur
de droit, ce serait à celui qui prétendrait avoir ignoré la
loi à en faire la preuve : « car, disent-ils, *nul n'est censé
ignorer la loi* et, la preuve contraire mise directement à
la charge de la partie adverse, serait, en ce cas, presque toujours sinon impossible du moins fort difficile
à faire [2]. » C'est M. Demolombe qui s'exprime ainsi et
c'est à lui que nous répondrons : 1° votre distinction est
arbitraire, car elle ne repose sur aucun texte ; 2° vous
êtes en contradiction avec vous-même puisque, au mépris de la logique, vous rejetez, à présent, l'assimilation
que vous faisiez, pour l'admissibilité de la bonne foi, de
l'erreur de *droit* à l'erreur de *fait* : « La vérité, disiez-
vous, est que l'erreur de droit, dans les matières civiles, dégénère, pour ainsi dire, très-souvent, en une
sorte d'erreur de fait et que la distinction, sous ce rapport, n'est pas même toujours facile à faire [3]. » Mais, si
vous admettez que l'erreur de droit peut si facilement
se confondre avec l'erreur de fait, il ne nous est pas
commode de découvrir pour quels motifs vous voulez
qu'un mode de preuve soit applicable à l'une et ne le
soit pas à l'autre; 3° vous ajoutez, *nemo ignorare censetur
ignorare legem*. N'êtes-vous pas convenu cependant, que

---

1. Président Favre, Cod. liv. IV, tit. 5, def. 2.

2. Demol. *Mariage*, tom. I, n° 359 ; — Aubry et Rau, tom. I,
page 13 ; — Massé et Vergé, tom. I, page 200 ; — et aussi l'arrêt
précité de la cour d'Aix du 11 mars 1858.

3. Demol. *Mariage*, tom. I, n° 357.

« c'est là une maxime qui, dans l'ordre privé, n'a rien
d'absolu et que nul texte n'a effectivement érigée en une
présomption irréfragable. Une telle présomption serait
par trop dépourvue de tout esprit d'observation et d'ex-
périence. Il n'est que trop vrai que l'ignorance de droit
est trop fréquente, et, il faut bien le dire, involontaire
et irrépréhensible [1]. » Alors, si, comme vous le dites,
la présomption, nul n'est censé ignorer la loi, n'existe
pas dans l'*ordre privé*, pourquoi l'invoquez-vous ici ?
A-t-elle plus sa raison d'être que dans l'hypothèse d'où
vous l'avez exclue ? Et, si cette erreur de droit est *involontaire, irrépréhensible*, pourquoi la faire retomber sur
ceux qui n'ont qu'elle à faire valoir comme excuse ?
Prenons, par exemple, de simples campagnards, d'une
intelligence bornée et habitant à proximité d'un pays
où le mariage entre beaux-frères et belles-sœurs est
permis, qui, étant eux-mêmes alliés au même titre, se
sont mariés dans l'ignorance de l'empêchement légal
qui s'opposait à leur union, irons-nous, si, plus tard,
leur mariage est annulé, leur imposer l'obligation de
prouver qu'ils ont ignoré le droit, que leur erreur est
excusable, et que conséquemment ils sont de bonne
foi ? S'ils avaient ignoré leur degré d'alliance, leur bonne
foi serait présumée : quelle raison y a-t-il dans l'espèce,
pour leur retirer le bénéfice de leur présomption ? Pour
notre compte, nous n'en voyons pas. Aussi bien pensons-
nous que la règle *error potiusquam dolus* s'applique
aussi bien à l'erreur de droit qu'à l'erreur de fait.

1. Demol. eod.

Nous ne saurions passer sous silence un système nouveau proposé par M. Gaudemet dans sa remarquable étude sur le mariage putatif, système diamétralement opposé au nôtre et à celui que nous venons de combattre. Tout en reconnaissant qu'il n'y a pas de distinction à faire entre l'erreur de droit et l'erreur de fait, l'honorable professeur est d'avis qu'on ne doit pas s'écarter de la règle *onus probandi incumbit actori* et que c'est *toujours* aux époux à prouver leur bonne foi. « Le mariage nul, dit-il, ne produit pas d'effets ; or, quand les époux réclament contre ce droit commun, ils sont demandeurs dans leur exception. C'est donc toujours à eux que doit incomber la preuve de la bonne foi [1]. » Selon lui, la question de preuve, en ce qui touche la bonne foi, est loin d'avoir l'importance qu'on pourrait croire, puisqu'en cette matière le juge a un pouvoir discrétionnaire fort étendu, qu'il peut statuer *ex æquo et bono* et, pour lors, se décider d'après « tels indices ou présomptions » qui lui paraîtront admissibles. Cette opinion déduite, il faut bien le reconnaître, avec beaucoup de force et de logique des principes généraux, ne nous paraît point, néanmoins devoir être accueillie. Elle a contre elle le texte des art. 1116 et 2268 qui ont formellement consacré la maxime *error potiusquam dolus*...
Si donc les époux réclament pour eux le bénéfice des art. 201 et 202 et que vous leur disiez : « Ce bénéfice vous n'y aurez droit qu'après avoir établi que vous avez été de bonne foi, » ils vous répondront : « Vous

---

1. M. Gaudemet, *du Mariage putatif et de ses effets*, page 79.

présumez alors qu'il y a eu dol de notre part, que nous avons voulu violer la loi, autrement que nous sommes de mauvaise foi. En conséquence, vis-à-vis de vous, notre rôle change; nous devenons défendeurs puisque, d'une part, le dol ne se présume pas et qu'il doit être prouvé (art. 1116), et que, d'autre part, la bonne foi est toujours présumée et que c'est à celui qui allègue la mauvaise foi à en rapporter la preuve (art. 2268)[1].

III. — Si nous avons cru devoir nous écarter du droit commun en ce qui concerne la preuve de la bonne foi, nous pensons qu'il faut y rentrer pour déterminer les effets du jugement qui a déclaré son existence ou qui l'a écartée. Ce jugement ne peut être opposable qu'à ceux qui ont été parties au procès conformément à l'art. 1351.

Que si c'est à la requête du parquet que la nullité du mariage ait été demandée, le ministère public n'a pas qualité pour conclure à ce que les époux soient déclarés de mauvaise foi, ni pour contester la demande de ceux-ci et à se faire déclarer de bonne foi, ni même pour interjeter appel du jugement qui l'aurait admise. Car, en effet, quand c'est le procureur de la République qui poursuit la nullité, c'est que ce mariage a été contracté en prohibition d'une disposition d'ordre public et que le commerce des époux est un outrage aux bonnes mœurs. Or dès que la nullité est prononcée, le scandale cesse, la société

1. Merlin, Rep. tom. XVI. Voir *Légitimité*, section 1, § 1, n° 8; — Delvincourt, tom. I, page 71.

est satisfaite et le rôle du ministère public est fini [1].

Mais allons plus loin et supposons que les deux époux incriminés de bigamie, ont été traduits en cour d'assises et condamnés. Pourraient-ils encore prétendre devant le tribunal civil qu'ils ont agi de bonne foi et invoquer à leur profit les art. 201 et 202? On est unanime à enseigner que le verdict du jury en reconnaissant les accusés coupables, a reconnu implicitement qu'ils étaient de mauvaise foi, la *responsabilité criminelle* ne pouvant être séparée de la *conscience du mal commis*. Cette solution vraie en soi pourrait être à bon droit critiquée. Deux personnes se sont mariées alors que toutes deux ou l'une d'elles seulement étaient encore engagées dans les liens d'un précédent mariage. Mais au moment où elles ont contracté, toutes deux étaient de bonne foi et avaient pour croire à la dissolution de leurs premiers liens, de bonnes et sérieuses raisons. Au bout de dix ou quatorze ans, elles reconnaissent leur erreur et, cependant, ne se séparent point. Criminellement elles sont coupables, puisque intentionnellement elles ont continué le scandale qu'elles pouvaient faire cesser. Mais civilement leur second mariage ne produira-t-il aucun effet? C'était du moins l'avis de MM. Duranton et Toullier [2]. Toutefois la majorité des auteurs repousse cette manière de voir et pense que du moment où le mariage a été *contracté* de bonne foi il doit nécessairement produire les effets civils [3]. Car exiger

1. Dalloz, J.G. *Mariage*, n° 595; — Aix, 5 mai 1816, affaire Laugier.
2. Voir sur cette question Dalloz, J. G. *Mariage*, n° 594.
3. Proudhon, tom. II, pages 6 et 7; — Marcadé, sur l'art. 202;

que les époux réclament eux-mêmes la nullité de leur mariage ne serait-ce pas « demander à la nature humaine une vertu le plus souvent au-dessus de ses forces? » Aussi trouvons-nous dure qu'une décision criminelle qui peut fort bien, indépendamment de la matérialité du fait, n'avoir pour base que la mauvaise foi postérieure des époux, enlève à ceux-ci le privilége que semblait leur assurer la bonne foi qu'ils avaient eue au début de leurs relations.

Nous pensons, au contraire, que dans l'hypothèse inverse, c'est-à-dire, dans le cas où les prétendus bigames ont été acquittés, tout est jugé, et qu'on ne saurait, sans violer l'art. 1351, remettre en question la nullité du second mariage, sa validité ayant été préjudiciellement établie par la cour d'assises, ou implicitement reconnue dans le verdict d'acquittement. C'est donc pour s'être placé dans une hypothèse dont nous n'avons pas trouvé d'exemple, la *prescription* de l'action publique, que M. Gaudemet a pu soutenir qu'en dépit de l'arrêt d'absolution, les époux pourraient voir leur mariage annulé et destitué des effets civils [1].

IV. — Il nous reste maintenant à rechercher quel est le sens exact des mots employés par l'art. 201 : *mariage déclaré nul*; ce qui nous amène à examiner s'il faut distinguer, en notre matière, entre les ma-

— Duvergier, tom. I, n° 655, not. 1 : — Demol. tom. I, *Mariage*, n° 360.

1. M. Gaudemet, *du Mariage putatif*, page 81. — Ce serait faire injure au zèle et à l'érudition de nos magistrals que de supposer qu'une chambre des mises en accusation ait eu l'imprudence de signer un arrêt de renvoi concernant un crime remontant à plus de dix ans.

riages *nuls* et les mariages *annulables*, et si la *solennité* de l'acte doit être considérée comme une condition nécessaire de la bonne foi.

Dans un premier système, on enseigne que les art. 201 et 202 ne s'appliquent qu'aux mariages annulés, mais non aux unions frappées *ab initio* d'une nullité radicale parce qu'elles manqueraient d'une des conditions essentielles à leur existence : ce qui arriverait notamment si les époux étaient du même sexe, ou bien si le consentement de l'un d'eux faisait absolument défaut (art. 110), ou bien encore s'il n'y avait pas eu de célébration devant un officier de l'état civil (art. 75). Les partisans de ce système raisonnent ainsi : autre chose, disent-ils, est un mariage *annulable*, autre chose est un mariage *nul*. Le mariage *annulable* est jusqu'à son annulation comme un mariage valable, comme lui il produit des effets civils. Que font donc les art. 201 et 202? Ils conservent à ce mariage, en raison de la bonne foi, les effets qu'il avait produits jusqu'au moment où il a été annulé. Car rigoureusement, du jour où sa nullité est prononcée, il devrait être considéré comme n'ayant jamais existé. Mais pourquoi la loi conserverait-elle à un mariage *nul* un effet quelconque? A ses yeux, il est comme s'il n'avait jamais été, donc il n'a pu produire aucun effet. Nous convenons que souvent la bonne foi sera sacrifiée à la rigueur du principe et que ses conséquences pourront blesser l'équité naturelle. Mais enfin c'est la loi, *dura lex, sed lex* [1].

1. Aubry et Rau, tom. IV, pages 12 et 13, notes 1, 2, 3.

M. Demolombe tout en admettant ce système n'a pas
manqué cependant d'être frappé des conséquences dé-
sastreuses qu'il peut entrainer. Aussi a-t-il cherché à
en adoucir la rigueur en ramenant à une seule condition
l'admission de la bonne foi ; cette condition, selon lui, serait la solennité de l'acte. « Toutes les fois, écrit-il, qu'une
célébration aura été faite par un officier de l'état civil,
je pense que les magistrats pourront appliquer les
art. 201 et 202 à cette union quels que soient d'ailleurs
les vices de forme qui s'y rencontrent. » Ainsi il n'y a
pas à considérer s'il a été fait des publications, si les
témoins étaient deux au lieu de quatre, si l'officier de
l'état civil était incompétent, si la célébration a été
clandestine, ou si l'un des conjoints était mort civilement. Dans tous ces cas, s'il résulte de l'ensemble des
faits que les conjoints ou l'un d'eux ont été victimes
d'une erreur excusable, les juges devront déclarer leur
mariage *putatif*[1].

Un autre système proposé par Marcadé conclut au rejet
de toute distinction entre le mariage nul et le mariage annulable. Cette distinction n'est pas dans l'esprit de la loi,
dit-il ; ce que la loi exige, c'est la bonne foi, pas autre chose.
Il serait ridicule de soutenir qu'une jeune fille mineure,
abusée par un misérable, s'étant mariée devant un
greffier avec la conviction « que le mariage qu'elle con-
tractait était valable devant la loi ; » fût moins digne de
faveur que si elle se fût mariée devant un officier de

1. Demol., tom. Ier, *Mariage*, n° 353. — Comp. Demante, tom. Ier,
n° 283 bis ; — Duc. Bon et Roust., tom. Ier, n° 320 ; Touillier,
tom. Ier, n° 284 ; — Duranton, n°s 131, 136.

l'état civil, mais clandestinement et sans publications
préalables. Sa bonne foi est tout aussi admissible
dans un cas que dans l'autre. Nous partageons parfai-
tement l'avis de l'éminent jurisconsulte, mais nous sommes surpris de ce qu'il se soit écarté lui-même de la
règle si nette qu'il avait posée, en refusant à l'union
célébrée, de bonne foi, devant un prêtre, les mêmes
effets qu'il accorde à celle qui aurait été célébrée devant un greffier. Nous ne saisissons pas le motif de
cette différence, un greffier étant tout aussi incompétent ni plus ni moins qu'un ministre du culte.

S'il y avait une restriction à faire, c'est évidemment
celle qui a été faite depuis par M. Paul Gaudemet [1].
Cette restriction consiste à envisager deux sortes de
nullités : les nullités de pur droit civil et les nullités
qui sont à la fois et de droit naturel et de droit civil. Les
premières ne sauraient jamais exclure la bonne foi ;
les secondes seules, au nombre de deux, défaut de consentement et identité de sexe, l'excluent nécessairement.
A l'appui de son opinion l'auteur invoque un passage
du discours préliminaire de Portalis, page 11 et aussi « la
raison naturelle qui se révolterait à l'idée de faire produire
des effets à de pareilles unions. » Ce système nous a
séduit par sa simplicité et nous l'adoptons sous une
seule réserve. La voici. Quand il n'y a pas de consentement il n'y a pas de mariage, cela est une vérité incontestable puisque le mariage est un contrat et que
tout contrat ne se forme que par le concours de deux

1. M. Gaudemet, page 71 et suiv.

volontés. Mais *quid* si l'une des parties seulement a consenti? *Espèce*: Pierre et Marie se présentent devant l'officier de l'état civil pour se marier. La jeune fille répond seule affirmativement aux questions qui lui sont posées en vertu de l'art. 75; le jeune homme répond *non* ou se tait. Nonobstant, l'officier public prononce le mariage. Marie qui n'a pas pris garde au silence de Pierre se croit engagée dans une union régulière : elle cohabite avec son prétendu mari pendant un ou deux mois. Au bout de ce temps, Pierre excipe du défaut de consentement, le prouve et fait prononcer la nullité de son mariage. — La femme sera-t-elle alors autorisée à réclamer pour elle les effets de sa bonne foi? Nous le pensons, car, si, en réalité, il n'y a pas eu de mariage légalement formé, il y a eu tout au moins un consentement partiel, un contrat inachevé que l'épouse excusable avait cru parfait. Donc il nous semble que ce serait formuler cette exception plus exactement que de dire : les art. 201 et 202 ne seront jamais applicables toutes les fois qu'il n'y aura eu de consentement ni de part ni d'autre. — Quant à l'identité de sexe, on conçoit facilement qu'elle ne peut projeter même l'ombre d'un mariage et qu'il eût été aussi inutile qu'immoral que de lui octroyer le bénéfice de nos articles.

CHAPITRE II

EFFETS DU MARIAGE PUTATIF A L'ÉGARD DES ENFANTS

SECTION Ire

EFFETS A L'ÉGARD DE LA PERSONNE DES ENFANTS

I. Quels sont les enfants appelés à profiter du mariage putatif de leurs auteurs; ces enfants sont légitimes ou légitimés; conséquences; cette légitimité leur profite et peut aussi être invoquée contre eux par toute personne; — II. Du vivant des deux époux, les enfants ne sont pas en tutelle, et l'époux de bonne foi n'a pas le droit de déférer la tutelle testamentaire; la puissance paternelle n'appartient pas nécessairement à l'époux de bonne foi; pour se marier l'enfant a toujours besoin du consentement de son père, ce dernier fût-il même de mauvaise foi; droit de garde; usufruit légal.

I. — Nous avons vu que, dans le droit canonique, les décrétales *Cum inter* et *Ex tenore* [1] avaient formellement reconnu la légitimité des enfants issus d'un mariage putatif. Cette décision était trop équitable pour que les rédacteurs de notre Code civil l'eussent rejetée. Aussi la trouvons-nous rappelée en termes exprès dans l'art. 202. Il ne fait donc pas de doute que les enfants nés et conçus pendant le mariage putatif sont *légitimes*, et que les enfants conçus *avant* mais nés *pendant*, le sont également puisque la loi les place tant qu'ils ne sont

1. Voir *supra* pages 112-113.

pas désavoués, sous la rubrique *pater is est* [1]... (art. 314.) Ainsi l'on peut dire d'une façon générale que tout enfant *né*, à quelque époque que ce soit, au cours d'une union entachée de nullité, pourra, après le jugement d'annulation, revendiquer et obtenir les mêmes droits que si le mariage de ses père et mère eût été valable.

Mais supposons que sa naissance remonte à un temps antérieur au mariage, sera-t-il encore admis à prétendre qu'il a été légitimé par le mariage subséquent de ses parents (art. 331), et qu'en conséquence il doit profiter des mêmes avantages que s'il était né *pendente matrimonio* (art. 333)? Cette question doit être résolue par la distinction suivante : La conception de l'enfant a-t-elle son origine dans un commerce adultérin ou incestueux ? Est-elle au contraire le fait de deux personnes qui auraient pu, au moment où elle s'est produite, valablement se marier?

1er **cas.** *Prima* qui est mariée, mais qui se croit veuve, est devenue grosse et a mis au monde un fils dont *Primus* est le père. Postérieurement *Primus* et *Prima* se marient ensemble, peut-être même dans l'intention de faire bénéficier leur fils de l'art. 331, leur mariage aura-t-il pour effet de légitimer l'enfant qu'ils ont eu, quelle qu'ait été et quelle que soit d'ailleurs leur bonne foi? — Les auteurs modernes, d'accord en cela avec la doctrine ancienne [2], soutiennent que non s'il en était

1. A la condition cependant que leur filiation ne soit ni adultérine ni incestueuse.

2. Pothier, *Cont. de mariage*, n° 416 et 411 ; — Arrêt Maillart, du

autrement, dit-on, le mariage putatif, produirait plus
d'effets qu'un mariage valable, le mariage valable ne
pouvant jamais légitimer un enfant adultérin ou incestueux (art. 331 et 335). Il est bien vrai que si *Primus*
et *Prima* ont des enfants de leur mariage, ces enfants seront légitimes; mais, s'ils sont tels, c'est qu'ils sont
« le fruit du mariage » et que « la bonne foi dans le
mariage peut effacer le vice d'inceste ou d'adultère [1], »
tandis que les enfants nés antérieurement sont issus d'un
commerce illicite; que l'ignorance de la femme n'est
pas une ignorance innocente; qu'elle n'empêche pas
que les relations de cette femme ne soient adultérines ou
incestueuses et que les enfants qui en naissent ne soient
des enfants adultérins ou incestueux.

2**me** *cas. Primus* et *Prima*, à l'instant de la conception
de leur fils, auraient pu contracter une union légitime;
l'enfant est né *ex soluto et soluta* : lui refusera-t-on encore le bénéfice de la légitimation? Ce point est aujour-
d'hui vivement controversé.

Dans notre ancien droit, Pothier décidait, comme dans
l'hypothèse précédente, que l'enfant bien que naturel
simple, ne pouvait être légitimé. Cette opinion a rallié,
sous l'empire même du code Napoléon, de nombreux
partisans. M. Dalloz qui l'accepte résume ainsi les arguments qui peuvent être invoqués à l'appui. « Les art. 201
et 202, dit-il, reposent sur cette considération qu'il eût été

---

15 mars 1774 ; — d'Aguesseau, *Œuvres*, tom. IV, page 261, conclu-
sions dans l'affaire Tiberio Fiorelli.
1. Demol. *Mariage*, tom. I, n° 365.

injuste de traiter avec la même rigueur ceux qui ont, de bonne foi, contracté un mariage nul, et ceux qui ont entretenu un commerce criminel. Mais cette considération même indique dans quelles limites doit être renfermée la faveur accordée à la bonne foi. Étant donnés des enfants issus du mariage putatif et des enfants nés antérieurement, les premiers seuls seront légitimes; quant aux seconds, ils ne sauraient se plaindre de n'être point légitimés puisqu'ils sont le fruit d'une union irrégulière d'où la bonne foi est exclue, qui es, une faute et qu'en conséquence la loi n'a pas dû vouloir récompenser. D'ailleurs cette interprétation est confirmée par le texte des art. 201 et 202. L'art. 201 est ainsi conçu : « Le mariage qui a été déclaré nul, produit néanmoins les effets civils, tant à l'égard des époux qu'à l'égard *des enfants..* » A l'égard *des enfants*, mais de quels enfants? L'art. 202 va nous le dire.. des enfants *issus du mariage*. Il n'est pas possible de scinder la pensée qui a inspiré les deux articles. Dans l'art. 201 comme dans l'art 202, il ne s'agit que des enfants issus du mariage [1]. »

L'opinion contraire, qui tend à prévaloir de jour en jour, nous paraît préférable. Elle rentre, suivant nous, beaucoup plus dans l'esprit de la loi. Nous allons essayer de la présenter et de la soutenir.

En cette matière, moins qu'en toute autre, nous n'avons à nous préoccuper de notre droit ancien. Nous savons de quelle façon la théorie du mariage putatif s'y

---

1. Dalloz, J. G. *Mariage*, n° 606 ; — Merlin, Rep. tom. IV. V. *légit.* Section 2, § 2, n° 4: Toullier, tom. I, n° 637: — Proud'hon, tom. II, page 170, I, quest.

était glissée, et rien ne nous prouve, malgré l'autorité de Pothier, que nos doctrinaires d'alors l'aient envisagée tous sous le même aspect soit quant à son but, soit quant à son étendue. Ce qui est bien certain, c'est que nos législateurs en ont posé le principe d'une façon plus large et plus absolue ; qu'ils ont été mus par un sentiment de noble générosité et, qu'en récompensant la bonne foi, ils ont voulu, surtout, épargner à des innocents le châtiment d'une faute dont ils n'étaient pas responsables. Qu'on ne vienne pas nous dire que l'enfant dont s'agit ne saurait se plaindre de la sévérité de la loi, et que, si sa faveur lui est retirée, c'est uniquement par ce qu'il est le fruit d'un commerce illicite dans lequel il ne peut y avoir bonne foi. Est-ce que, par hasard, il y a plus de bonne foi dans les relations irrégulières de deux personnes qui, après avoir eu un enfant naturel, contractent ensemble un mariage valable ? Et, cependant, le mariage valable légitimerait l'enfant naturel malgré la faute des parents. Dans notre hypothèse la faute est la même, absolument la même. Pourquoi le résultat serait-il autre ? D'ailleurs, le mariage quoique déclaré nul, est *réputé valable*, donc il doit produire les mêmes effets que le mariage valable proprement dit.

Et c'est effectivement ce que dit l'art. 201. En vain objecte-t-on l'art. 202 qui ne parle que des enfants *issus du mariage* et qu'on dit être explicatif. Nous le croyons, au contraire, spécial et restrictif : au lieu de préciser la règle, ainsi qu'on le prétend, il nous semble y apporter une exception et ne prévoir que le cas où l'un des époux est de mauvaise foi. Mais, au pis aller et, en prenant l'art. au pied de la lettre, comme le font nos adversaires, il serait encore bien difficile de lui trouver le sens qu'on veut lui donner. Comparons-le à l'art. 198. La partie finale de ces deux articles est redigée en termes identiques. Et, néanmoins, jamais on n'a soutenu que, lorsque la preuve d'une célébration légale du mariage est acquise par le résultat d'une procédure criminelle, les enfants nés avant ce mariage ne seront pas légitimés par l'effet de l'inscription du jugement sur les registres de l'état civil. Donc, pour être logique, il faut bien admettre aussi que les expressions de l'art. 202 ont, dans cet article, la même portée que dans l'art. 198.

Enfin, la doctrine que nous exposons a l'avantage de sauvegarder le grand principe d'équité sur lequel est basée toute la théorie du mariage putatif. Non-seulement elle encourage la légitimation qui est un bienfait, mais encore elle répond à de légitimes espérances, et conserve intacts des droits, pour ainsi dire acquis, que le système opposé annihile sans pitié, comme aussi sans conséquences utiles. [1].

Ainsi pourront réclamer les effets civils du mariage.

1° Les enfants *légitimes* ou réputés tels, c'est-à-dire les enfants nés pendant le mariage.

2° Les enfants *légitimés*, c'est-à-dire les enfants nés avant le mariage, mais qui se placent sous la protection de l'art. 331.

1. Duranton, tom. II, n° 356 ; — Delvincourt, tom. I, p. 71, note 5 ; — Aubry et Rau, tom. IV, p. 56 ; — Marcadé, sur les art. 201 et 202; — Valette sur Proudhon, tom. II, p. 171 ; — Duc, Bon. et Roust. tom. I, n° 476: — Demante, tom. I, n° 283; — Demol. *Mariage*, tom. I, n° 366.

Ces enfants sont dans la même situation juridique que s'ils étaient issus *justo matrimonio*.

D'où il résulte :

Qu'ils n'ont d'autre nom, ni d'autre nationalité que le nom et la nationalité de leur père, celui-ci fût-il même de mauvaise foi ;

Qu'ils sont autorisés à prouver leur filiation par tous moyens légaux, même à l'aide des présomptions des art. 312 et suiv. ; que la reconnaissance d'un enfant naturel pendant le mariage par leur père ou mère ne saurait leur nuire (art. 337) ; qu'ils ne peuvent valablement épouser les parents de l'un ou l'autre époux en raison du lien de famille qui les unit ; enfin qu'ils forment un obstacle à l'adoption (art. 343) et que leur survenance révoque les donations précédemment faites (art. 960).

Mais si l'on assimile, au point de vue des droits actifs, aux enfants légitimes, les enfants nés d'un mariage putatif, il faut, par réciprocité, imposer à ceux-ci les mêmes obligations qui pèsent sur les premiers. Nous devons dire, en conséquence : que, comme les enfants légitimes, les enfants putatifs doivent, à tout âge, honorer leurs père et mère (art. 371) ; que du vivant de leurs auteurs, et tant qu'ils sont mineurs ou non émancipés, ils restent à la garde et sous la puissance de leur père ou mère (art. 372) ; qu'ils ont toujours besoin du consentement de leur père pour se marier (art. 148).

II. Rien de particulier en ce qui concerne le devoir imposé aux enfants d'honorer toujours et de toujours respecter leurs père et mère. Cette obligation est de

10

droit naturel et s'étend non-seulement aux enfants légitimes, mais encore aux enfants naturels simples et même aux enfants adultérins et incestueux [1].

Quant à la puissance paternelle il ne saurait y avoir de difficulté quand les deux époux sont de bonne foi. Elle appartient alors, au père qui seul peut l'exercer (art. 373). Mais la solution est plus embarrassante si le père a été de mauvaise foi.

On décide, dans une opinion, qu'en ce cas, les choses doivent être considérées comme si le mariage avait été dissous par le prédécès du mari, et que, par suite, la puissance paternelle passe à la mère, de bonne foi, mais en changeant de caractère ; qu'elle n'est plus une véritable puissance, mais une sorte de tutelle légale avec l'adjonction d'un conseil de famille (art. 407 et suiv.) et sous la surveillance d'un subrogé tuteur (420). Aussi, d'après les partisans de ce système, c'est à la mère seule qu'appartient l'usufruit légal (art. 384). C'est elle seule qui a le droit de garde, de correction, le droit d'émanciper son enfant, celui de consentir à son mariage. Elle peut également, même du vivant de son conjoint de mauvaise foi, déférer la tutelle testamentaire, le parent naturel ne pouvant jamais être tuteur légal [2].

Cette opinion à laquelle nous ne saurions nous associer, repose sur des données qui, à notre avis, ne sont,

1. Voir Dalloz, Code civil annoté, sur l'art. 371, § 3, et sur l'art. 383, §§ 3 et 4.
2. Demante, tom. III, n° 372, — Bug. et Val. à leurs cours. — Demol. tom. I, n° 372 ; M. Gaudemet, *Mariage putatif*, pages 96 et suiv.

pas exactes. Son point de départ est celui-ci : l'époux
de mauvaise foi est dans la situation d'un parent naturel qui a reconnu. Là est l'erreur. Nous verrons, en effet,
par la suite, que le parent de mauvaise foi, est traité
tantôt mieux, tantôt plus mal qu'un parent naturel qui
a reconnu. C'est ainsi que le premier conserve le droit
de réclamer des aliments aux parents de son prétendu
conjoint, l'alliance survivant au jugement déclaratif de
nullité ; que le second, au contraire, ne saurait s'adresser
aux parents de la mère de son enfant auxquels aucun
lien ne le rattache. C'est ainsi encore que le parent de
mauvaise foi est exclu de la succession de son enfant
soit par le parent de bonne foi, soit par un ascendant,
tandis que le parent naturel reçoit ou partage cette suc-
cesssion conformément à l'art. 765.

En second lieu, le système que nous repoussons s'appuie sur cette fiction, tout au moins risquée, qu'on doit
tenir le mariage pour *dissous* par le *prédécès* du mari.
Cette fiction pour être vraie dans son principe devrait
être générale dans ses applications, comme l'était cette
autre fiction sur laquelle reposait la *mort civile*. Tous les
effets d'une dissolution ordinaire se produisaient du jour
où le jugement était devenu définitif. Pour lors le mariage du mort civilement se trouvait dissous, sa succession ouverte, et la tutelle de ses enfants déférée au conjoint *survivant*. La mort civile ayant été abolie par la loi
du 31 mai 1854, il n'y a plus que la mort naturelle qui
donne, aujourd'hui, ouverture à la succession (art. 718)
ou à la tutelle (art. 390). De cette vérité juridique nous
concluons contre nos adversaires : premièrement, que leur

système est *arbitraire* 1° parce qu'il crée une fiction qui n'est pas dans la loi ; 2° parce qu'il donne à l'art. 390 une extension que cet article ne comporte point ; 3° parce qu'enfin il est une violation de l'art. 397, aux termes duquel le droit de déférer la tutelle testamentaire n'appartient qu'au *dernier mourant* des père et mère. Deuxièmement : qu'il manque de *logique* en ce sens qu'il supprime, gratuitement, pour les besoins de sa cause, l'époux de mauvaise foi qu'il se trouvera plus tard dans la nécessité de faire revivre, chaque fois que les intérêts pécuniaires de cet époux se trouveront en jeu [1].

Nous sommes loin, cependant, de contester qu'il n'y ait là une difficulté assez sérieuse à résoudre. Mais la situation ne nous paraît pas aussi « bizarre » qu'on a voulu le dire, et nous n'apercevons point qu'un « conflit » puisse s'élever entre « une puissance paternelle légitime et une puissance paternelle naturelle ». C'est ce que nous allons essayer de démontrer en exposant le système auquel nous nous sommes arrêté.

L'art. 202 porte : que l'époux de bonne foi seul profitera des effets civils du mariage. Nous n'hésiterions donc point à retirer à l'époux de mauvaise foi (dans le cas particulier au père), la puissance paternelle s'il était prouvé que cette puissance fût un des effets civils du mariage. Mais chacun sait, qu'en cette matière, nos législateurs ont pris soin d'écarter les idées romaines reçues encore dans quelques pays de droit écrit, et que, de nos

1. Voir *infra*, page...

jours, la puissance paternelle, est « uniquement basée sur la nature et ne reçoit de la loi civile qu'une confirmation [1] ». L'article 383 est formel en ce sens. S'il en est ainsi, on se demande pourquoi le père, même de mauvaise foi, serait privé d'un droit qui ne découle pas, qui n'est pas un des effets civils de son mariage et que personne ne songerait à lui dénier s'il était parent naturel seulement? Sa surveillance n'est-elle pas aussi efficace, ses conseils aussi salutaires, son intervention aussi utile? Voilà pourquoi nous pensons que le père de mauvaise foi conserve sur ses enfants l'autorité qu'il avait durant le mariage; que, tant qu'il vit, il n'y a pas lieu à les mettre en tutelle; qu'il a le droit exclusif de les émanciper; qu'il peut les faire interdire (art. 490) ou emprisonner provisoirement conformément aux articles 376 et 377; qu'il doit être consulté pour leur adoption (art. 346) et que son consentement est indispensable dans l'hypothèse prévue par l'art. 148.

Sur ce dernier point, nos adversaires, considérant la femme de bonne foi comme une veuve, enseignent que le consentement à mariage donné par elle, sera suffisant, qu'il n'est pas même nécessaire de requérir celui du père. Nous ne saurions trop répéter que la fiction du prédécès du mari est impossible, et aussi que la disposition de l'art. 148 n'est pas un effet civil du mariage, et, qu'en conséquence, elle n'est pas opposable à l'époux de mauvaise foi. Nous dirons plus, nous dirons qu'il y aurait, dans ce cas, injustice à enlever à

---

1. Exposé des motifs, § 15, *discours de M. Réal*, 14 mars 1803.

l'enfant la protection si sage et si prévoyante que la loi lui accorde.

Il nous reste, pour terminer, à nous expliquer sur deux attributs de la puissance paternelle : le droit de *garde* et le droit de *jouissance légale*.

Quand le père est de bonne foi, c'est lui qui a la garde de ses enfants. C'est donc à lui qu'incombe le devoir de leur faire donner une éducation convenable, de les nourrir et de les entretenir suivant son rang et sa fortune (art. 203); et à lui aussi, qu'appartient l'usufruit légal de leurs biens (art. 334) pour les charges imposées par la loi (art. 385).

Si le père est de mauvaise foi et que la mère soit de bonne foi, celle-ci pourra conclure, durant l'instance en nullité, à ce que, par le même jugement, il soit statué que la garde des enfants lui restera. Le tribunal, d'ailleurs, ne saurait être enchaîné par cette demande, et il pourrait ordonner que, pour le plus grand avantage des enfants, tous ou quelques-uns d'eux fussent confiés aux soins, soit de l'autre époux, soit d'une tierce personne (argument d'analogie tiré de l'art 302).

Telle est sur cette grave question de la puissance paternelle le sentiment que nous professons. Il a le tort d'être en opposition avec celui de jurisconsultes dont la science fait autorité. Mais tout isolé qu'il soit, c'est avec une conviction intime que nous l'avons défendu, persuadé qu'il est conforme aux textes, aux principes et à l'équité.

SECTION II

EFFETS A L'ÉGARD DES ENFANTS EN CE QUI CONCERNE LES BIENS

I. Les enfants putatifs succèdent, comme les enfants légitimes, à leurs père et mère et autres parents. — II. A défaut de descendants légitimes, ils transmettent leurs propres biens à leurs parents de bonne foi. — III. Ils doivent des aliments et ont droit d'en exiger.

I. La loi, considérant les enfants putatifs comme s'ils étaient légitimes, il s'ensuit que ces enfants font véritablement partie de la famille de leurs père et mère et que, dès lors, ils sont habiles à succéder à l'un et à l'autre époux, même à l'époux de mauvaise foi et aux parents de ceux-ci (art. 745) ; qu'ils peuvent venir auxdites successions par représentation et y être représentés par leurs descendants en ligne directe (art. 739, 740 et suiv.) ; qu'ils sont même admis à y concourir avec des enfants que leurs auteurs auraient eus d'un autre mariage valable, précédemment dissous, qu'ils ont la saisine (art. 724) ; qu'ils sont libres d'accepter soit purement et simplement, soit sous bénéfice d'inventaire (art. 774) ; enfin qu'ils peuvent être exclus comme indignes (727).

La réserve de l'art. 913 existe également à leur profit, et ils devront être écoutés toutes les fois qu'ils demanderont la réduction des libéralités excessives que

leurs ascendants auraient faites tant par donations
entre-vifs que par acte de dernière volonté (art. 920,
921 et suiv.)

Mais accorderons-nous, aussi, à ces enfants une vocation
héréditaire à la succession des parents de leur père ou
mère mort civilement? Voici dans quelle hypothèse nous
nous plaçons: Un mariage a été déclaré nul parce que, à
l'époque de sa célébration, l'un des époux était frappé de
mort civile ; néanmoins, eu égard à la bonne foi
des deux conjoints ou de l'un d'eux seulement, les
conséquences fâcheuses de cette nullité se trouvent
conjurées par l'application des art. 201 et 202. Dans
ces conditions, les enfants nés *pendente matrimonio pu-
tativo*, seront-ils admis à prétendre qu'un lien de parenté civile et légitime existe entre eux et les parents
de leur auteur mort civilement, et que ce lien les rend
aptes à leur succéder selon le droit commun?

Dans notre ancien droit, la question quoique fort discutée, paraît avoir été tranchée par la majorité des auteurs dans le sens de la négative [1]. C'est aussi l'opinion
qui, sous le Code Napoléon, compte le plus grand nombre de partisans. Elle se fonde principalement sur ce
que la loi se borne à permettre à l'enfant d'invoquer
les droits qui résultent d'un mariage *valide*, mais ceux-
là seuls. Or un mariage valide ne rend habiles à succéder que ceux qui sont parents d'après le droit civil pur.
Aucune parenté civile ne relie les enfants conçus de-

1. Pothier, *Contrat de mariage*, n° 440, *Traité des successions*, chap.
I, sect. II, art. 3, § 4: — Merlin, *Rep. de jurisp.* V. *Légitimité*, § 7:
et *Quest. de droit*, V. *Légitimité*, 5.

puis la mort civile de leur père aux parents de celui-ci, donc ils n'ont aucun droit à leur succession [1].

Marcadé, que les raisons qui précèdent n'ont pu convaincre, pense, et nous sommes de son avis, qu'il qu'il n'y a pas à tenir compte, dans l'espèce, de la cause qui a entraîné la nullité ; que dès l'instant où il y a bonne foi, tous les effets civils d'un mariage valable peuvent être invoqués par les enfants (art. 201 et 202). Supposons, qu'au lieu d'être découvert, le vice qui entachait le mariage soit resté caché, que l'union ait continué à subsister avec toutes les apparences de la légitimité, il est de toute évidence que les enfants seront légitimes *erga omnes*, aussi bien vis-à-vis de leurs père et mère que vis-à-vis des parents de ces derniers. Ce sont là les effets civils du mariage. Eh bien! la fiction du mariage putatif n'a-t-elle pas précisément pour effet de faire considérer comme valable une union qui, en réalité, ne l'a jamais été? Que cette fiction ne s'étende pas au mort civilement, soit ; car elle ne saurait être plus forte que la fiction en vertu de laquelle on le tient pour non existant ; mais qu'elle tourne contre ces enfants, c'est opposé à son but même, car, à leur égard, le mariage est tout aussi bien valable que *valide*, pour employer le mot de nos contradicteurs. Ainsi, d'après Marcadé, les enfants pourront venir à la succession des parents de l'époux mort civilement quoiqu'ils n'aient rien à prétendre sur les biens que cet époux laissera à sa

---

1. Bugnet sur Pothier, *Traité des successions*, chap. I*er*, sect. II, art. 3, § 4; — Coin-Delisle sur l'art. 25 C. N. n° 27; — Demol. tom. I, *Mariage*, n° 207.

mort naturelle, ces biens étant dévolus à l'Etat par droit de *déshérence* (art. 13) [1].

Il est bon de remarquer que tout ce que nous venons de dire n'a trait qu'aux enfants qui, usant de la faveur des art. 201 et 202, ont excipé de leur qualité d'enfants légitimes pour réclamer les successions à eux échues. Mais ils auraient pu, tout aussi bien, se prévaloir de la nullité du mariage, si tel eût été leur intérêt. A quelque parti, d'ailleurs, qu'ils se soient arrêtés, ce parti est irrévocable à l'égard des tiers. Dès lors l'enfant qui aurait fait acte d'héritier (art. 778), ou qui aurait laissé prescrire son droit de renoncer (art. 789), ne saurait plus se soustraire aux conséquences de la saisine, et, c'est en vain, qu'il arguerait postérieurement de la nullité du mariage, pour repousser l'action des créanciers héréditaires.

II. Les enfants issus d'un mariage putatif peuvent, comme toute personne, disposer de leurs biens, suivant leur fantaisie, soit par actes entre-vifs, soit par acte de dernière volonté. *Par actes entre-vifs*, cela n'est pas douteux; car tout propriétaire peut aliéner à titre gratuit ou onéreux pourvu qu'il remplisse les conditions de capacité requises par la loi. Aux mêmes conditions, l'enfant putatif pourra léguer tout ou partie de ses biens.

Mais, dans le cas où cet enfant meurt *ab intestat*, quels sont ses héritiers?

---

1. Marcadé, tom. I, n° 181, Duranton, tom. I, n° 259; — Toullier, tom. I, n° 284; — Vazeille, tom. I, n° 280; — Arr. Cass. 15 janvier 1816 et Rouen, 7 décembre 1820.

En vertu du principe de réciprocité qui sert de base à l'ordre des successions et qui doit être respecté ici, ses héritiers sont ceux dont il eut recueilli les bie s'ils étaient morts avant lui.

Les premiers appelés seront ses descendants (art. 745). Et, s'il ne laisse point de postérité, le concours aura lieu entre ses père et mère ou l'un ou l'autre s'ils existent, et ses frères et sœurs putatifs ou descendants d'eux, s'il en a (art. 748 et 749). Après quoi ce sont ses parents jusqu'au douzième degré qui lui succèdent (art. 755).

Maintenant, si cet enfant n'a laissé ni postérité, ni frères ni sœurs, ni descendants d'eux, mais son père et sa mère tous deux de bonne foi, le père et la mère se partageront la succession par moitié, comme se la partageraient aussi, à leur défaut, les autres ascendants (art. 746). Ces ascendants jouissent même de la réserve de l'art. 915 et de la faculté de reprendre les choses par eux données conformément à l'art. 747.

Ce système de réciprocité, si naturel et si équitable, reçoit, en notre matière une exception bien remarquable. Tandis que l'enfant peut se dire héritier de l'époux de mauvaise foi, celui-ci, au contraire, ne lui succède jamais, du moins comme parent légitime. Et si, plus tard, il se présente comme parent naturel [1] (art. 765), il n'est pas reçu à se plaindre des libéralités excessives que son enfant aurait faites à son détriment. Notons qu'il ne peut se présenter comme tel qu'autant qu'il ne se

1. Encore faut-il que sa mauvaise foi soit exempte d'adultère ou de bigamie, sinon il n'est pas même héritier naturel.

trouve point de parents légitimes dans l'autre ligne ; il serait exclu par eux ; il le serait même par ses propres parents ou collatéraux. Il est admis en effet que l'enfant succède à ces derniers, et qu'il n'y a pas de raison pour les priver, eux qui sont innocents, du bénéfice de la réciprocité. La situation faite à l'époux de mauvaise foi est dure, il ne faut pas se le dissimuler ; elle est cruelle, si l'on veut ; mais n'est-elle pas, en définitive, le juste châtiment d'une faute qu'il lui eût été si facile d'éviter !

III. — « Les enfants doivent des aliments à leurs père et mère et autres ascendants qui sont dans le besoin, » (art. 205). Bien que cette disposition soit contenue dans le chapitre V au titre du mariage, sous la rubrique *des obligations qui naissent du mariage*, on convient généralement, qu'ayant sa source dans la loi naturelle, elle n'est qu'énonciative et qu'elle vise tout à la fois les parents légitimes et les parents naturels qui ont légalement reconnu. Aussi les enfants putatifs sont-ils tenus de la dette alimentaire alors même qu'ils ont renoncé au bénéfice des art. 201 et 202. Bien plus, ils la doivent à l'époux de mauvaise foi, fût-il coupable d'inceste ou de bigamie [1], car l'obligation de nourrir ses père et mère est sacrée quel que soit, d'ailleurs, le caractère de la paternité .

Par contre, l'art 207 nous autorise à accorder aux enfants putatifs le droit de réclamer des aliments aux

1. *Contrà* Aubry et Rau, tom. Ier, page 97.
2. En ce sens Demol. *Mariage*, tom. II, n° 19.

personnes qui pourraient en exiger d'eux. Néanmoins, le conjoint à qui la garde des enfants aurait été retirée par le jugement déclaratif de nullité [1], ne pourrait jamais se dispenser de payer la pension alimentaire en offrant de recevoir, nourrir et entretenir le créancier dans sa demeure (art. 211).

Nous ne reviendrons pas sur l'usufruit légal des biens des enfants mineurs. Nous avons vu, en effet, dans la section précédente qu'il appartenait de droit et par compensation à l'époux chargé du devoir *d'éducation* [2].

1. Voir suprà page 112.
2. Voir suprà page 112.

CHAPITRE III

Généralités. — Nous avons vu, dans le chapitre précédent, quels étaient les rapports de droit unissant les enfants nés du mariage putatif à leurs auteurs et aux parents de ceux-ci. Nous allons étudier dans celui-ci quelle est la situation juridique des époux après le jugement déclaratif de nullité.

C'est surtout maintenant que nous devons avoir sans cesse sous les yeux la règle fondamentale qui sert à circonscrire les limites dans lesquelles le mariage putatif doit produire ses effets. Cette règle nous la formulerons ainsi : A l'égard de l'époux de bonne foi, le mariage putatif produit tous les *effets civils* d'un mariage valable (art. 202) ; tous les autres effets qui découlent de l'union conjugale mais qui ne sont pas des effets civils pourront être réclamés par l'époux de mauvaise foi.

Sans doute, il n'est pas toujours facile, au milieu des conséquences multiples qui dérivent du mariage, de faire la distinction contenue dans notre règle. Mais cette difficulté n'est pas insurmontable, et grâce à l'esprit général de notre législation dont il faut avant tout se pénétrer, il n'est pas impossible de saisir la différence existant entre les *effets civils* qui sont de l'essence même du contrat *civil* et les effets *médiats* ou *naturels* qui n'en dépendent qu'indirectement.

Nous croyons encore utile, avant d'aborder l'examen approfondi des différentes questions qui vont surgir de notre sujet, de revenir sur une observation que nous avons déjà faite plus haut. On a l'habitude d'envisager la position nouvelle faite aux époux comme si les liens matrimoniaux avaient été brisés par la mort de l'un des conjoints. Or cette présomption est, ou *insuffisante*, ou *excessive*. *Insuffisante*, car, en réalité, le mariage annulé est réputé avoir été nul *ab initio*, et l'on ne dissout qu'un contrat qui a légalement existé. *Excessive*, car elle gêne l'application des art. 201 et 202, à l'aide desquels le conjoint de bonne foi est obligé de rendre au conjoint de mauvaise foi sa qualité de *ci-devant époux* pour se prévaloir contre lui des effets civils de son mariage. La vérité est qu'il y a là une situation exceptionnelle et *sui generis* qui n'a rien de commun avec les modes de dissolution ordinaires.

SECTION Ire

EFFETS EN CE QUI CONCERNE LA PERSONNE DES ÉPOUX

I. La déclaration de nullité éteint, pour l'avenir, les obligations qui naissent du mariage et affranchit les époux des devoirs réciproques qui leur étaient imposés; *assistance, fidélité et cohabitation*. — II. La femme garde la nationalité qu'elle avait acquise par son mariage, l'émancipation et *l'alliance* survivent. — III. L'art. 324 du Code pénal est-il applicable aux époux putatifs? — IV. *Interdiction; viduité.*

I. Le mariage crée entre les époux une véritable association, une *societas vitæ*, comme disaient les Ro-

mains, une communauté d'existence et d'intérêts. Le
jour où elles s'unissent, les parties contractent des obligations et acquièrent des droits. Ces droits et ces obligations sont réciproques, du moins pour la plupart. Le
mari promet protection à sa femme, la femme obéissance
à son mari (art. 213); elle s'engage, par ce fait même, à habiter sous le même toit que lui (art. 214) et à ne faire
aucun acte de la vie civile sans son autorisation préalable (art. 215), sauf l'exception de l'art. 226. Les époux
se doivent aussi mutuellement fidélité, secours et assistance (art. 212). La sanction de ces droits et devoirs
respectifs est dans la loi, et, tant que dure le mariage,
ils sont civilement obligatoires : ils ne s'éteignent que
lorsque l'union conjugale est dissoute.

Appliquons, à présent, ces différents textes aux
époux putatifs. *Quiescente matrimonio*, ils sont soumis,
de même que les époux légitimes, aux statuts légaux
qu'ils ont dû connaître et approuver en contractant.

Mais ils deviennent libres de tous engagements dès
que la nullité de leur mariage a été judiciairement prononcée. A partir de cette époque, la femme cesse
d'avoir droit à la protection de son mari : elle cesse
également d'être sous sa dépendance et recouvre sa
capacité pleine et entière. Serait-elle autorisée, néanmoins, à exiger de lui *secours* et *assistance?* Pour ce
qui est des *secours*, nous pensons que l'époux de bonne
foi, dont la subsistance ne paraîtrait pas suffisamment
assurée, pourrait obtenir du tribunal une pension alimentaire sur les biens de l'autre époux, surtout si cet

époux était de mauvaise foi [1] (argum. d'anal. tiré de l'art. 302.) Ce serait aller, au contraire, contre l'intention du législateur, que de laisser subsister le devoir d'*assistance*. Il n'y a d'abord pas d'action pour arriver à son accomplissement; son inobservation constitue seulement entre époux, durant le mariage, une injure grave susceptible de motiver une demande en séparation de corps. Et, quand bien même cette obligation serait munie d'une action, n'y aurait-il pas immoralité à la poursuivre contre un époux bigame ou incestueux ?

De ce que les prétendus époux recouvrent leur indépendance à compter du jugement déclaratif de nullité, il suit qu'ils n'encourent plus aucune peine en manquant à la foi promise. Le délit d'adultère naît dans le mariage et s'éteint avec lui. Toutefois, nous estimons que le mari, même de mauvaise foi, pourrait désavouer l'enfant de sa femme ou contester sa légitimité, s'il se trouvait dans les cas prévus par les art. 312 et suiv. et à condition d'être encore dans les délais (art. 316). Cette solution serait peut-être sujet à critique si le mari n'agissait que dans un intérêt purement personnel; mais il est facile d'apercevoir que, s'il triomphe, le plus grand bénéfice de son succès, reviendra aux autres enfants nés du mariage putatif qui auraient vu, sans cela, diminuer leur part héréditaire [2].

1. L'obligation de secours étant tout à la fois un effet civil et naturel du mariage (art. 212), l'époux de mauvaise foi ne pourra jamais en profiter.

2. Dans le système de ceux qui considèrent le mariage putatif

Nous pencherions encore à permettre au mari l'exercice de cette action lors même que l'union prétendue n'aurait donné d'autre rejeton que celui dont l'état est suspecté. Car souffrir que l'enfant se place sous la rubrique *pater is est....* serait aggraver injustement la situation morale et pécuniaire de l'époux, sa mauvaise foi l'ayant rendue déjà si mauvaise. C'est surtout en matière de déchéances, et nous y sommes, qu'il faut prendre garde de ne point empiéter sur le domaine de l'arbitraire. Nous déciderons, en sens inverse : 1° que le jugement d'annulation fait tomber la plainte d'adultère antérieurement déposée par le mari contre sa femme. Et 2° que la femme, inculpée d'adultère peut opposer, comme fin de non-recevoir, l'invalidité de son mariage et que le tribunal correctionnel doit tenir sa sentence en suspens tant que la question préjudicielle soulevée n'a pas été jugée par la juridiction compétente [1].

La nécessité qui commande à la femme mariée de suivre son mari partout où il lui plaît de résider disparaît en même temps que le titre d'épouse. Ainsi, après l'annulation du mariage, la femme peut habiter là où elle le juge à propos. Il y aurait même un cas où nous l'autoriserions, avant la fin de l'instance, à se faire désigner, par le président du tribunal, un domicile

comme dissous par le prédécès de l'un des époux, l'action en désaveu ou en contestation de légitimité devrait passer aux héritiers du mari, conformément à l'art. 317.

1. Chauveau et Faustin Hélie, *Théorie du Code pénal*, tom. IV, n° 1633, 2° alinéa.

distinct de celui de son mari : c'est quand elle aura
reconnu que son second mariage est adultérin ou incestueux. L'horreur et le dégoût que lui inspire cette découverte doit lui rendre la vie commune impossible,
et, dès lors, il n'y a pas de raison pour l'obliger à continuer un scandale que sa conscience réprouve et que
sa bonne foi n'excuse plus. (argum. d'analog. tiré de
l'art. 878 Cod. Pr.) [1].

II. Si, comme nous venons de le voir, certains effets
du mariage ne survivent point à sa dissolution, il en
est aussi d'autres, devenus irrévocables, auxquels le jugement déclaratif de nullité ne porte aucune atteinte.
Notamment la femme étrangère qui, de bonne foi [2], a
épousé un Français, conserve la qualité de Française
(article 12). Cette décision a été combattue par MM.
Aubry et Rau. Il n'y a, disent-ils, qu'un mariage valable qui puisse opérer un changement de nationalité.
Le mariage putatif ne peut avoir cet effet. Car, par
cela même que la femme peut, à son gré, réclamer ou
répudier les effets civils de son prétendu mariage, il en
résulterait qu'elle pourrait également, suivant son intérêt, se dire étrangère ou Française. C'est cette option
que la loi ne saurait tolérer [3]. Ce raisonnement serait

1. Il y a même des auteurs qui enseignent que dès que
femme a connaissance de l'empêchement légal qui rend son ma
riage nul, elle doit d'elle-même faire cesser le fait de la cohabita
tion sous peine de perdre les avantages attachés à sa bonne foi.
Delvincourt, tom. I, note I, p. 71 ; — Toullier, tom. I, n° 656.
2. L'époux de mauvaise foi ne profite jamais des effets civils ;
mais ils peuvent être invoqués contre lui.
3. Aubry et Rau, tom. I, p. 226 et note 4.

irréprochable si le choix de la nationalité dépendait,
comme on le dit, de la volonté de la femme. Mais les
craintes que l'on manifeste ne sont pas sérieuses ; nous
allons le démontrer : La femme, par exemple, ayant
été de bonne foi, veut profiter des effets civils de son
mariage ; irez-vous lui objecter que son mariage,
n'ayant pas été valable dès le principe, elle n'a pu devenir Française....., D'un mot elle ruinera votre objection : Aux termes de l'art. 201, répondra-t-elle, le
mariage qui a été déclaré nul produit néanmoins les
effets civils, à l'égard des époux, lorsqu'il a été contracté
de bonne foi..... Or, je suis de bonne foi et il est indé-
niable que l'attribution de la nationalité ne soit un des
effets civils du mariage, donc..... Il nous semble assez
malaisé d'échapper à ce syllogisme [1]. — Dans l'hypothèse, peu probable d'ailleurs, où la femme ne voulant
point profiter de sa bonne foi, renoncerait aux effets
civils de son union, sa qualité de Française ne lui reste-
rait pas moins, et toute personne intéressée serait reçue
à prouver contre elle et sa bonne foi et la validité sup-
posée de son mariage. Par conséquent, à quelque
point de vue qu'on se place, le danger que MM. Aubry
et Rau croyaient avoir entrevu est absolument chimé-
rique, et le mariage putatif n'est ni plus ni moins favorisé qu'un mariage ordinaire.

Les mêmes motifs nous mènent à penser qu'une
solution identique doit être donnée à la question corré-
lative, que soulève l'art. 19, à savoir, que le mariage

1. Demol. tom. I, n° 183.

putatif fait perdre à la femme la qualité de Française
quand elle épouse un étranger. Du reste, il lui sera
toujours facile de recouvrer cette qualité, pourvu qu'elle
réside en France ou qu'elle y rentre avec l'autorisation
du gouvernement et en déclarant qu'elle veut s'y fixer
(art. 19, 2° alinéa).

On pourrait encore, en restant dans le même ordre
d'idées, se poser l'interrogation suivante : L'émancipation tacite, résultant du mariage (art. 476), affecte-t-elle,
comme la nationalité, l'état des conjoints d'une façon
irrévocable, ou bien est-elle révoquée par le jugement
déclaratif de nullité? Ce qui revient à se demander si
cette émancipation est ou n'est pas un des effets civils
de l'union conjugale. Les termes mêmes de l'art. 476
ne laissent aucun doute à cet égard : « Le mineur, disent-
ils, est émancipé de plein droit par le mariage..... » bien
entendu, par le mariage contracté selon les règles du
droit civil. Or le mariage putatif est réputé avoir été
légalement formé, donc il a dû produire l'émancipation.
Conséquemment, tant que la décision judiciaire à inter-
venir sur le procès en nullité n'a pas été rendue, les
époux mineurs devront être considérés comme émancipés [1]. S'ils ont été de bonne foi ils doivent être aussi
traités comme tels, même après que l'annulation a été
prononcée. L'émancipation survivrait, en effet, à la dissolution d'un mariage valable; et, par assimilation, la
fiction des articles 201 et 202 veut qu'elle survive également à l'union putative. Mais, dans ce cas, comme

---

1. Demol. *Minorité, tutelle et émancipation*, tom. II. n° 187.

il n'y a plus de chef de famille, comme la femme perd son protecteur naturel le mari, le tribunal donnera à celle-ci, non point, un curateur général *ad omnes res*, mais un curateur *ad hoc* pour chaque affaire particulière [1] (argum. tiré de l'art. 2208). Quant au conjoint de mauvaise foi, la qualité de mineur émancipé disparaît pour l'avenir [2], mais non pour le passé. Aussi ne saurait-il, sans être repoussé par l'exception de ʒ 1, se prévaloir contre les tiers de la nullité de son mariage pour se soustraire aux obligations par lui contractées.

Dirons-nous aussi de *l'alliance* ce que nous venons de dire de l'émancipation? En un mot, les liens d'affinité existant entre l'un des conjoints et les parents de l'autre seront-ils ou non rompus par la déclaration de nullité? Prenons deux individus dont le mariage a été annulé, pour une cause quelconque : l'un d'eux pourrait-il épouser l'enfant de l'autre? Ce point n'est ni discutable ni discuté, lorsque, à cause de la bonne foi, le mariage a produit tous les effets civils. La prohibition des articles 161 et 162 continue donc à subsister et l'empêchement qu'elle contient est, à n'en pas douter, un empêchement dirimant.

MM. Aubry et Rau sont d'avis que, même en dehors du cas d'application de l'art 201, l'alliance doit toujours survivre à la nullité du mariage. Car, suivant eux, le commerce illicite de deux personnes non mariées forme une affinité naturelle entre l'un d'eux et les pa-

---

1. A moins qu'elle n'ait encore ses père et mère ou l'un d'eux.
2. Aubry et Rau, tom. I⁰ʳ, p. 481.

rents de l'autre [1]. Cette opinion a été vivement combattue. [2] Mais après tout, quel que soit le parti que l'on
prenne, on se trouve conduit à reconnaître implicitement au mariage putatif le pouvoir de créer l'alliance.
C'est pourquoi nous nous contentons d'indiquer ici cette
controverse dans laquelle nous ne saurions entrer
sans sortir des limites que nous nous sommes tra-
cées.

III. En revanche, nous devons une attention particulière à deux questions d'un intérêt pratique évident que
soulève l'art. 324 du Code pénal.

Cet article pose en principe que : « Le meurtre
commis par l'époux sur l'épouse ou par celle-ci sur son
époux n'est pas excusable. » Toutefois, la qualité
d'époux n'est plus un obstacle à l'admission de l'excuse
quand la vie du meurtrier a été mise en péril et que ce
péril a existé au moment où le crime a été consommé.
(1er alinéa.)

Cette règle générale de l'art. 324 et le tempérament
qui la corrige régissent-ils le mariage putatif? Nous serions tenté de répondre affirmativement si nous ne
consultions que les raisons qui ont dicté sa rédaction.
Car, en effet, cet article est lui-même une exception à
l'art. 321 C. P. qui admet la provocation comme une
excuse du meurtre. Or le législateur n'a pas voulu

---

1. Aubry et Rau, tom. IV, p 52, 53. — Delvincourt, tom. Ier, p. 63,
note 6; — Demante, tom. Ier, n° 217 bis; — Cassation, 6 avril
1809.

2. Demol. Mariage, tom. Ier, n° 112; — Valette sur Proudhon,
tom. Ier, p. 102, 103; — Duc. Bon. et Roust. tom. Ier, n° 26.

que la provocation pût servir d'excuse « à l'égard des
personnes obligées par état de vivre ensemble et de
n'épargner aucun sacrifice pour maintenir entre elles
une parfaite union. [1] » Donc on peut dire : les *prétendus*
conjoints ont eu une existence commune de tous les
instants et, par suite, des occasions fréquentes de que-
relles et de conflits. Par conséquent la loi ne doit pas
être plus indulgente pour eux qu'elle ne le serait pour
des époux véritables. — Cette décision, dont on ne
saurait méconnaître la logique, nous semble, néanmoins
devoir être rejetée comme contraire à l'économie de
nos lois répressives. La faculté d'interprétation, si large
en matière civile, est essentiellement circonscrite en
matière pénale d'où le raisonnement par analogie est
exclu. Il s'agirait, dans l'espèce, d'étendre d'un cas à un
autre une peine plus sévère, de déroger, en un mot,
au droit commun. Permettre cette extension et cette déro-
gation serait, à notre avis, ouvrir la porte à l'arbitraire,
et Dieu sait à quels abus cette porte, une fois ouverte,
pourrait donner issue! Aussi, pensons-nous que la fiction du mariage putatif, créée, avant tout, pour protéger des intérêts purement civils, dépasserait son but
en voulant marcher sur le terrain criminel; et que
l'époux supposé (de bonne ou mauvaise foi, peu importe), pourra toujours se prévaloir de la nullité de son
mariage pour être admis au bénéfice de l'article 321.

Une deuxième exception à la règle qui dénie l'excuse
aux époux est écrite dans le second alinéa de l'art. 324

---

1. *Exposé des motifs*, par Faure. Locré, tom. XXX, XI, n° 15.

qui est ainsi conçu : « Néanmoins, dans le cas d'adultère, prévu par l'art. 336, le meurtre commis par l'époux
sur l'épouse, ainsi que sur le complice, à l'instant où
il le surprend en flagrant délit dans la maison conjugale, est excusable. » Évidemment il n'est question ici
que d'un meurtre commis entre époux *légitimes* : les
termes mêmes de l'art l'indiquent suffisamment ; c'est
dans le cas d'*adultère* commis par l'*épouse* dans la *maison conjugale* que le mari meurtrier est excusable.....
De sorte qu'un individu tuant sa concubine au moment
où il constate qu'elle lui est infidèle et la surprend avec
son rival, alors même que ce serait dans sa propre demeure, n'a pas le droit de se retrancher derrière l'excuse
prévue par notre article. Doit-on montrer la même rigueur à l'égard du mari putatif? Certains auteurs distin-
guent. S'il est de mauvaise foi, disent-ils, il y aurait injustice à le faire profiter d'une faveur qu'il ne mérite point.
La colère qui a armé son bras ne saurait être légitime, car
somme toute, cette union, qui le déshonore aujourd'hui,
n'est-ce pas lui qui, par ses manœuvres frauduleuses,
l'a provoquée et réalisée? Tous les effets de son mariage
lui sont opposables. Quoi! il viendrait prétendre
qu'époux outragé par l'adultère de sa femme, il a voulu
venger l'honneur du mariage!... Mais ce titre d'époux,
il ne l'a jamais eu ; mais le délit d'adultère suppose une
union valable et la sienne n'a jamais été qu'un commerce illicite! — Que si, au contraire, il a été de bonne
foi, l'excuse légale de l'art. 324 lui est acquise, et le
ministère public lui objecterait en vain que sa femme,
n'ayant point, en réalité, été mariée, n'a pu commettre

d'adultère. Est-ce que son erreur n'a pas précisément pour effet de faire tomber la présomption de non existence que le jugement déclaratif de nullité attache à son soi-disant mariage? On complique encore l'hypothèse en y introduisant une question incidente sur la cessation de la bonne foi survenue au moment où le crime a été commis. Pour résoudre cette difficulté, une nouvelle distinction est nécessaire. Y avait-il, au jour du meurtre, une demande à fin d'annulation de mariage, et le présent du tribunal avait-il assigné à la femme un domicile distinct de celui de son mari? Si oui, pas d'excuse possible puisqu'il n'y avait plus de domicile conjugal. Si non, le mari prétendu retombe sous l'empire de l'art. 324, 2ᵐᵉ alinéa, qui doit alors recevoir son application malgré la preuve qu'on offrirait de faire de la cessation de la bonne foi.

Si équitables que soient en elles-mêmes les considérations sur lesquelles ce système s'appuie, nous ne croyons pas qu'elles soient suffisantes pour le justifier. Nous venons de dire, il y a un instant, dans quelles limites nous entendions renfermer la fiction du mariage putatif. Il est peut-être pénible de ne pouvoir quelquefois les reporter plus loin. Mais enfin puisque aucun texte de loi ne nous autorise à le faire, bon gré mal gré nous sommes tenus de respecter la place qu'elles occupent. L'excuse de l'art. 324, 2ᵐᵉ alinéa, serait, nous n'en disconvenons pas, un bienfait pour le conjoint de bonne foi qui a pu croire son mariage valable et nous sommes les premiers à regretter qu'elle lui soit refusée. Cependant, si nous voulons être conséquents avec nous-

mêmes, nous ne devons point reculer devant cette sévérité. Nous sommes-nous montrés plus doux pour le mari
plaignant en adultère et demandant aux tribunaux la réparation de l'injure à lui faite par l'inconduite de sa
femme? N'avons-nous pas décidé, en effet, que non-
seulement la procédure criminelle commencée contre
celle-ci finissait le jour où le mariage était annulé, mais
encore que la femme échappait à toute poursuite en opposant comme fin de non-recevoir l'invalidité de ses liens
conjugaux. Si le mariage putatif devait produire des
effets en droit pénal, pourquoi le mari serait-il mieux
traité dans le cas de l'art. 324 que dans celui de l'art.
336? Parce que pourrait-on nous dire, dans le cas de
l'art. 324 il encourt une peine et que dans celui de l'art.
336, il demande une condamnation. C'est très-vrai, et
c'est à cause de cela que si la loi devoit être indulgente
pour quelqu'un, elle devrait l'être pour celui qui s'adresse
à elle afin d'obtenir réparation de l'insulte qu'il a reçue
et non pour celui qui s'est fait justice lui-même en
lavant sa honte dans le sang de l'adultère et de son
complice. Or, si dans l'hypothèse la plus favorable, on
paralyse l'action du mari en lui déniant son titre d'époux
a fortiori, doit-on le considérer comme étranger lorsqu'il est en faute et qu'il réclame une faveur.

IV. Nous terminerons cette section par quelques
observations sur les art. 506 et 228.

(Le mari est de droit tuteur de sa femme interdite
art. 506). De cette disposition combinée avec les
art. 201 et 202 peut naître la question suivante : *Primus*

a contracté avec *Prima* un mariage nul. *Constante matrimonio*, *Prima* est interdite et *Primus* devient son tuteur. Puis, l'interdiction durant toujours, le mariage est attaqué, annulé, mais déclaré putatif en raison de la bonne foi des parties. *Primus* restera-t-il tuteur légal de sa femme? Nous serions assurément fort embarrassé de trouver une raison plausible pour lui conserver la tutelle. La nationalité, l'émancipation et l'alliance survivent, il est vrai, au jugement déclaratif de nullité; mais, si elles lui survivent, c'est qu'elles sont des conséquences directes du mariage, qu'elles se sont produites le jour où il a été formé et que, *hic et nunc*, elles sont devenues irrévocables. Il en est autrement de la puissance maritale et des prérogatives qui s'y rattachent : protection, obéissance, domicile commun qui ne sont, à proprement parler, que les fonctions diverses à l'aide desquelles l'existence conjugale s'établit, se soutient et prospère, mais qui s'arrêtent dès l'instant où leur action n'a plus d'objet, c'est-à-dire dès que le mariage est dissous. Dès lors, comme la tutelle de l'art. 506 repose uniquement sur le respect dû à la puissance maritale et sur l'obligation imposée au *mari* de protéger sa femme et de l'assister, il paraît logique qu'elle prenne fin quand les conjoints se trouvent désormais affranchis des droits et devoirs respectifs inhérents à leur qualité d'*époux*. Nous allons plus loin, et nous pensons que si la tutelle avait été déférée par le conseil de famille au mari, après l'annulation, celui-ci aurait le droit de la refuser et les tiers intéressés d'attaquer la nomination[1].

1. Les cours de Dijon, 18 mars 1857, et de Nancy, 15 mai

La nullité du mariage judiciairement constatée ne met pas les prétendus époux dans un état de veuvage, elle les replace tout simplement dans la situation qu'ils avaient avant d'être unis. Devenus maîtres de leur personne, il leur est loisible de contracter de nouveaux liens, et de reformer, même entre eux, ceux que la loi vient de briser s'il n'y a pas toutefois d'obstacle à leur validité. Cependant, avant de contracter un nouveau mariage, la femme doit attendre que dix mois se soient écoulés depuis la dissolution du mariage précédent. (article 228.) Ce délai est applicable en cas d'annulation comme en cas de dissolution. C'est du moins l'opinion qui a été consacrée par la cour de Trèves, dans un arrêt du 30 avril 1806 ainsi motivé : La cour : — Considérant que, d'après les art. 201 et 202, le mariage qui a été déclaré nul produit néanmoins les effets civils tant à l'égard des époux qu'à l'égard des enfants lorsqu'il a été contracté de bonne foi ; qu'il importe dès lors de prévenir cette incertitude, que la turbation de sang, occasionnée par un mariage trop précipité, pourrait produire à l'égard des enfants ; — considérant que tel était l'esprit de la loi romaine qui a défendu aux veuves de convoler en secondes noces avant que dix mois fussent écoulés ; que tel est aussi évidemment l'esprit de l'art. 228, et que, malgré toutes les apparences de l'éloignement que l'appelante paraît avoir eu pour son ci-devant mari, il est au moins possible qu'il y eût eu cohabitation... par ces motifs... etc... Ainsi la

1868, ont jugé dans ce sens en matière de séparation de corps.

femme putative est tenue d'observer le délai de l'art.
228, et l'officier de l'état civil pourra et devra toujours
se refuser à célébrer le second mariage tant qu'il ne lui
sera pas justifié de l'expiration des dix mois de viduité.

SECTION II

EFFETS A L'ÉGARD DES BIENS DES PRÉTENDUS ÉPOUX

I. L'époux de bonne foi peut à son gré, pour le règlement de
ses intérêts pécuniaires, réclamer ou répudier les effets civils de
son mariage ; — II. L'époux putatif perd la vocation héréditaire de l'art. 767 ; — III. Comment se fait l'attribution
des avantages matrimoniaux et comment s'effectue le partage
de la communauté ; — IV. L'époux de bonne foi a-t-il une action
en dommages et intérêts contre l'épouse de mauvaise foi ? —
V. Dette alimentaire.

I. Bien que nous l'ayons déjà indiqué, il n'est peut-
être pas inutile d'appuyer de nouveau sur le véritable
caractère de la disposition législative contenue dans les
articles 201 et 202. Ces articles ne sont pas impératifs,
c'est-à-dire qu'ils ne mettent pas l'époux de bonne foi
dans l'obligation de subir les effets civils du mariage.
Ils ne créent simplement qu'une faveur dont le bénéfi-
ciaire reste toujours maître de profiter ou de ne pas
user. [1]. Ainsi, en ce qui concerne leurs intérêts pécuniaires, les époux de bonne foi ont la faculté d'en
demander le règlement suivant les modes de liquidation
d'une société ordinaire ou conformément à leurs con-

[1]. Exposé des motifs, discours de Portalis, 16 vent. an XI, n° 45.

ventions matrimoniales[1]. Notons, toutefois, que cette option, une fois faite, est irrévocable et indivisible et qu'elle est refusée, en tous cas, à l'époux de mauvaise foi qui, tout en supportant les conséquences du mariage, ne peut jamais les revendiquer.

Il est clair que nous n'avons pas à nous préoccuper ici du cas exceptionnel où le prétendu conjoint de bonne foi trouverait son intérêt dans la répudiation des effets civils. Nous devons supposer au contraire qu'il en réclame l'attribution et qu'il se présente avec son titre d'époux putatif. Dans cette situation quels seront ses droits et comment les exercera-t-il ? Auront-ils la même étendue que si son union eût été légitime ? Tels sont les différents points qui feront l'objet de cette section.

II. En premier lieu, l'époux de bonne foi conserve-t-il le droit de successibilité réciproque établi par l'art. 767 au profit du survivant?

L'affirmative est soutenable ; elle a même été défendue à l'aide d'arguments qui ne manquent pas de gravité : — La vocation héréditaire de l'art. 767, a-t-on dit, est un des effets civils du mariage, et non point seulement un droit inhérent à la qualité d'époux. S'il en est ainsi, le droit de successibilité appartient à l'époux putatif qui a survécu, en vertu des art. 201 et 202 qui veulent que le mariage annulé produise, grâce à la bonne foi, les mêmes résultats qu'un mariage valable.

1. Marcadé, sur les art. 201 et 202, n° 609. — Demol., tom. I⁰, *Mariage*, n° 373.

De cette prétendue validité découle le droit de succession accordé au conjoint survivant, comme en découle aussi la légitimité des enfants, l'alliance, etc.... En vain, objecte-t-on que le mariage n'existe plus. D'accord : il n'a même jamais existé. Mais c'est précisément alors que la fiction des art. 201 et 202 considère « comme valable, quant aux effets civils, ce qui, en droit, est frappé de nullité. Ne pas vouloir appliquer cette fiction à tous les autres droits, c'est nier le mariage putatif lui-même [1]. » Il est vrai qu'au cas de divorce prononcé ce droit de successibilité cesse, même pour l'époux qui a obtenu gain de cause ; mais si, dans cette hypothèse, la vocation héréditaire est enlevée aux ci-devant conjoints, c'est que l'affection présumée, base de cette vocation, manque dès l'instant où la vie commune est devenue intolérable, tandis qu'elle ne fait pas nécessairement défaut dans le cas de nullité, l'annulation pouvant fort bien être prononcée à la requête d'un tiers. « Et puis quand il y a divorce on suit la logique des principes ; ce qui n'existe plus ne peut produire de conséquences juridiques. La même considération rend raison de l'art. 33, la mort civile ayant réduit le mariage à néant [2]. » En outre, puisqu'on admet que les époux conservent leur droit éventuel à une institution contractuelle, pourquoi en serait-il autrement de la succession *ab intestat ?* D'ailleurs le concours possible entre le conjoint véritable et le conjoint présumé se réglera sans difficulté. Chacun des deux aura des droits

1. *Du mariage putatif et de ses effets*, M. Gandemet, p. 111.
2. Le même, page 112.

égaux : l'hérédité sera partagée par égales portions. Ce
que ce résultat pourrait avoir de choquant trouve sa
justification « dans cette situation anormale d'un mariage à la fois nul et valable [1]. »

Certes, il fallait un certain courage pour opposer un
pareil système au sentiment contraire de l'universalité
des auteurs. Et c'est beaucoup, assurément, d'avoir plaidé
cette cause, non-seulement avec conviction, mais avec
des arguments de droit dignes d'attention et d'examen.
Pour notre part, nous serions heureux d'apporter à
cette opinion le tribut si faible de notre adhésion si
nous n'étions persuadé que le système inverse dût avoir
la préférence. La solution qui vient d'être proposée nous
paraît admissible dans un cas, mais dans un seul, à savoir
toutes les fois que le prédécès de l'un des époux arrivera
avant le jugement d'annulation, parce qu'alors il y aura
un droit acquis, un effet produit que la fiction des articles 201 et 202 protége et doit protéger contre la
rétroactivité de la nullité. On nous répond à cela, que
le droit de successibilité ayant son origine dans l'affection présumée des époux, cesse par le divorce, parce que la
présomption tombe, alors, devant la réalité. Nous ne
contredisons point ; mais nous faisons observer que
les présomptions sont toujours circonscrites par l'objet
auquel elles s'appliquent. Or, l'affection des époux a
son point d'appui dans l'intimité, dans le commerce
quotidien, dans l'observance des devoirs conjugaux.
En conséquence, on doit raisonnablement supposer

1. Le même, page 113.

12

que cette affection n'a plus raison d'être quand le mariage est dissous, puisqu'elle manque de fondement. Ainsi donc que le mariage soit annulé, qu'il prenne fin par le divorce ou par la mort civile, la présomption de tendresse et d'attachement qui, aux yeux de la loi rendait les conjoints habiles à se succéder, disparaît toujours entraînant avec elle la perte de la vocation héréditaire de l'article 767. — L'objection que l'on tire de la validité des gains de survie ou des institutions contractuelles ne saurait, non plus, nous arrêter. Nous nous trouvons ici, en présence d'une convention librement discutée et acceptée, d'une stipulation dont la loi garantit l'exécution parce qu'il y a une volonté formellement exprimée et dont les parties ont voulu la réalisation. Mais, « il n'y a rien de contractuel, au contraire, dans la vocation purement légale dont il s'agit ; c'est une dévolution de biens dont la loi est maîtresse et qui n'a été, de la part des époux, l'objet d'aucune stipulation ni expresse, ni tacite. La loi peut la déférer comme elle le juge convenable. Or, il résulte de son texte qu'elle ne la défère à l'époux qu'autant qu'il est encore et *actuellement* époux au moment du décès[1]. »

Quant au partage de la succession, en cas de bigamie et quand le décès se reporte à une époque antérieure au jugement d'annulation, il s'effectura par moitié entre l'époux légitime et l'époux putatif.

1. Demol., *Mariage*, tom. I, n° 370; Duranton, tom. II, n° 369; — Vazeille, tom. I, n° 285; — Aubry et Rau, tom. I, page 47; — Marcadé, sur les art. 201 et 202, n° 698; — Demante, tom. I, n° 283 bis.

III. De même que la séparation de corps entraine la séparation de biens, de même aussi le jugement déclaratif de nullité, brise la vie commune et rompt en même temps l'association de fortune dans laquelle le mariage avait, pour ainsi dire, confondu les biens des deux époux.

Nous allons avoir, maintenant, à liquider cette société péuniaire, c'est-à-dire à faire le partage de la communauté et l'attribution des avantages réciproques ou non que les époux avaient pu se faire. Aussi bien faut-il, au moins, fixer exactement le moment précis où les comptes communs doivent être arrêtés ou, si l'on veut, à partir duquel l'union cesse de produire les effets légaux *quant aux biens*. Est-ce du jour où l'action en nullité est intentée, ou du jour où cette nullité est prononcée ? On sent l'importance de la question pour les biens qui doivent tomber dans la masse commune. En effet, il s'écoule souvent fort longtemps entre le premier acte de procédure et le jugement définitif.

Nous ne pensons pas, quant à nous, qu'il y ait lieu d'appliquer ici l'article 1445. Dans cet article la dissolution de la communauté est l'objet direct et principal de la demande formée par la femme, demande qui suppose toujours le désordre des affaires du mari et « appelle nécessairement des mesures et des garanties spéciales. » Aussi, est-ce dans un but de prévoyance que la loi décide que l'effet du jugement de séparation de biens sera d'enlever rétroactivement au mari, son droit de disposition, à compter de la demande même. Dans notre hypothèse le motif particulier de l'article

1445 ne se rencontre plus. Il s'agit ici principalement et avant tout de faire déclarer le mariage nul. Une fois la nullité prononcée, la dissolution de la communauté en résulte comme conséquence ; « donc l'effet ne saurait précéder la cause ni l'accessoire naître avant le principal[1]. »

Cette dernière question mise hors de controverse, il va nous être facile de procéder aux comptes de liquidation et partage de la société pécuniaire qui existait entre les conjoints et qui vient de se dissoudre. Ces opérations auront un double objet : elles s'appliqueront 1° au règlement du compte de communauté et 2° à l'attribution des avantages matrimoniaux que les époux auraient pu se faire. Il y aura lieu également d'en modifier la marche suivant que les prétendus conjoints seront tous deux de bonne foi, ou que l'un d'eux sera de mauvaise foi. Nous nous placerons donc successivement dans ces deux hypothèses pour déterminer les droits des parties.

1° *Les deux époux sont de bonne foi.* — Le mariage produit alors les effets légaux pour les deux époux. Les avantages qu'ils se seraient faits reçoivent leur entière exécution. Toutefois, s'il s'agit de libéralités qui ne doivent se réaliser qu'à la mort de l'un des contractants, ces libéralités ne pourront être réclamées qu'aux mêmes époques et aux mêmes conditions que si le mariage eût été valable (art. 1517 et 1093.) La communauté se liquide et se partage comme si le mariage, au lieu d'être annulé, avait été dissous soit par le divorce, soit par le prédécès de l'un des conjoints.

1. Demol., *Mariage*, tom. I, n° 389 ; — Aubry et Rau, tom. IV, n° 47 ; — Marcadé, tom. II, art. 202, n° 201.

2° *L'un des deux époux seulement est de bonne foi.*
— Ici une nouvelle distinction devient nécessaire. Nous
supposerons :

(A) *La femme seule de bonne foi.* — Seule elle pourra
réclamer les effets civils du mariage ou y renoncer. Nous
avons déjà dit deux mots de ce droit d'option qui est accordé à la femme, droit qui, à première vue, peut paraître
exorbitant, mais qui n'est en définitive qu'une réparation bien légitime du tort que lui fait éprouver le dol
du mari. En vertu de ce droit la femme peut, dans ses
rapports, avec son mari [1], tenir pour valide le contrat de
mariage, mais sans pouvoir en diviser les dispositions :
à défaut de contrat elle peut aussi exiger qu'on s'en
tienne, pour la liquidation de ses droits aux règles posées au code sur la communauté légale. Cette faculté
d'opter passe aux héritiers de la femme, directement et
individuellement, de sorte que, s'il y a plusieurs héritiers qui ne soient pas d'accord sur le parti à prendre,
chacun, en ce qui le concerne, optera ou répudiera à
son gré et suivant son intérêt (analog. art. 1475). — La
femme de bonne foi conserve, à coup sûr, les libéralités
qu'elle aurait reçues de son mari, soit par contrat de
mariage, soit au cours de son union. Ce n'est là que
l'application pure et simple du principe des art. 201 et
202. Pour la même raison, et dès qu'elle a opté pour
l'exécution des clauses du contrat de mariage, elle garde
son droit éventuel au préciput. Du parti qu'elle prendra

---

[1]. Nous disons dans ses rapports avec son mari, car nous verrons
dans le chapitre suivant qu'il en est différemment dans ses rapports
avec les tiers.

dépend aussi le sort des ventes prohibées qu'elle et son mari auraient pu se faire durant le mariage (art. 1595). A son choix, elle pourra les faire tomber, en invoquant le mariage, ou les rendre inattaquables en répudiant sa qualité d'épouse putative.

(B) *Le mari seul de bonne foi.* — Nous lui accorderons alors toutes les prérogatives dont jouissait la femme dans l'hypothèse précédente. Ainsi le mari a le droit d'option dont nous venons de parler : rien n'est plus juste. Mais que décider dans le cas où le mari s'est décidé pour le partage des biens communs d'après les règles ordinaires d'une société? La femme alors perdra-t-elle le droit de renoncer à cette société et devra-t-on la traiter comme une simple associée tenue des dettes proportionnellement à sa part dans l'actif? Les auteurs n'hésitent pas à accorder à la femme de mauvaise foi le droit de renoncer à la communauté légale ou conventionnelle et ils sont d'avis qu'elle peut encore exercer ce droit lors même que par suite de la résolution prise par son mari, elle ne serait plus à son égard qu'une simple associée [1]. Telle n'est point pourtant l'opinion de M. Gaudemet. D'après lui ce privilége ne se comprend que si la femme peut se dire commune [2]. Or, dans l'espèce, le mari lui refuse précisément cette qualité. Au reste on aperçoit aisément que le droit pour la femme de renoncer à la société serait un moyen d'imposer au mari les conséquences d'un mariage dont elle ne peut se préva-

1. Aubry et Rau, tom. IV, p. 48; — Duranton, tom. II, n° 571; — Demol., *Mariage*, tom. I, n° 371.

2. M. Gaudemet : *Du Mariage putatif et de ses effets*, page 127.

loir vis-à-vis de lui. Enfin l'honorable professeur fait
observer avec beaucoup de justesse qu'à la considération que les partisans du système opposé tireraient des
pouvoirs exorbitants du mari comme administrateur, on
est fondé à répondre que la femme n'est pas recevable
à se plaindre de cette administration puisque c'est de son
plein gré qu'elle s'y est soumise. Nous sommes, pour
notre part, d'autant plus enclin à accepter cette manière
de voir, qu'il nous semble déjà excessif d'accorder
à la femme de mauvaise foi la faculté de renoncer à la
communauté. Cette faculté de l'art. 1453 est, personne
ne le niera, un effet civil du mariage. Or de deux choses
l'une : ou l'époux de mauvaise foi n'est jamais appelé
à profiter des effets civils de son union, ou il y a des
exceptions en sa faveur. Ces exceptions existent-elles?
Sont-elles écrites quelque part dans la loi? Non. Par
conséquent, celle que vous nous proposez est arbitraire.
Nous la rejetons.

Si les choses se présentaient toujours dans les conditions que nous venons de voir, l'état liquidatif de la
communauté serait on ne peut plus simple à dresser ;
mais ce travail ne laissera pas que d'offrir de sérieuses difficultés quand, dans le cas de bigamie, plusieurs femmes
qui auront successivement et de bonne foi contracté mariage avec le même individu, demanderont à exercer
leurs droits sur les biens que le mari aurait acquis
pendant le cours de ces mariages. Comment réglera-t-on
leus conventions matrimoniales? Si l'on se trouve en
présence de plusieurs contrats de mariage il faudra, dit
M. Demolombe, « consulter, avant tout, les différentes

stipulations qui auraient pu être faites, et dans le silence de la loi (art. 4), appliquer la solution la plus équitable d'après les faits et les circonstances[1]. »

Mais *quid* si ces mariages successifs ont été contractés sous le régime de la communauté ?

Nos anciens auteurs, adoptant la jurisprudence consacrée par un arrêt du 7 juillet 1584[2], estiment qu'on doit considérer les acquisitions faites pendant la durée de la cohabitation avec chaque femme comme le résultat d'une société telle qu'elle aurait pu exister entre deux personnes étrangères, et, en conséquence partager les bénéfices, non pas selon les règles de la communauté conjugale, mais plutôt selon les règles générales de la société[3]. Cette façon de procéder dont le grand avantage consiste dans sa simplicité, mais dont le tort immense est de sacrifier les droits de la seconde et de la troisième femme, a rencontré, sous l'empire même du code Napoléon, des partisans convaincus[4].

Aujourd'hui cette doctrine est abandonnée. Des commentateurs plus récents ont cherché à concilier l'équité naturelle avec la loi en sauvegardant, autant que possible, tous les intérêts.

D'après M. Marcadé, suivi en cela par M. Demolombe, le conflit de deux femmes, l'une légitime et l'autre putative, doit se régler de la manière suivante : On li-

1. Demolombe, *Mariage*, tom. I, n° 377.
2. Carondas, *Rép.*, liv. VIII, chap. XVII.
3. *Nouveau Denizart*, tom. III, p. 614, n° *Bonne foi,* § 3, n° 3.
4. Toullier, tom. I, n° 665; — Durant., tom. II, n° 373; — Vazeille, tom. I, n° 285.

quidera successivement et séparément chacune de ces communautés à commencer par la plus ancienne. La première femme prendra toujours la moitié ou telle fraction stipulée au contrat du fonds commun, déduction faite des mises provenant du conjoint de bonne foi et des bénéfices en résultant. Il faut donc faire abstraction du second mariage et partager la communauté comme si aucune autre ne s'était formée en concurrence avec elle. Cette opération terminée, il reste à l'épouse de bonne foi, le choix de réclamer sa part dans l'actif comme simple associée, ou bien d'exercer sur les biens personnels de son conjoint une récompense égale au préjudice qu'elle éprouve [1].

Ce système offre de graves inconvénients tant à l'égard de la première femme qu'à l'égard de la seconde. Dans le cas, par exemple, où le fonds commun, au jour du second mariage, proviendrait uniquement d'un apport mobilier fait par la première femme, il en résulterait que l'apport de la seconde femme ne devant pas être déduit de la masse, celle-ci aurait droit à la moitié de l'actif alors même que sa mise en communauté serait inférieure à cette part; tandis que la première femme n'aurait droit, elle, qu'à la moitié de l'actif diminué de l'apport de la seconde. A la vérité elle conserve un recours contre les héritiers du mari pour ce qu'elle perd. Mais il faut faire attention que cette ressource extrême lui échappe si le mari est de bonne foi ou si sa succession est insolvable.

---

1. Marcadé, tom. I, n° 200; — Demol., *Mariage*, tom. I, n° 377.

Le danger n'est pas moins grand pour la seconde femme. En effet son action en indemnité n'est possible qu'autant que le mari est de mauvaise foi, et utile que s'il a laissé des biens suffisants pour en garantir le paiement. Dans le cas contraire le recours de la seconde femme est impossible ou illusoire. Supposons, enfin, que la première femme ait stipulé à son profit le droit de prendre tout l'actif de la communauté en cas de survie (art. 1520). Comme elle doit passer la première elle prendra la totalité de l'actif, soustraction faite de l'apport du conjoint de bonne foi et de la part de bénéfices correspondante. De telle sorte que, si le mari n'a pas laissé de biens propres, la seconde femme n'a rien à espérer au delà de ce qui n'a pu lui être enlevé.

Choqués des résultats iniques auxquels peut conduire la stricte application du système que nous venons d'exposer, MM. Aubry et Rau ont proposé un autre mode de calcul qui, suivant eux, doit donner satisfaction à toutes les parties. Comme MM. Marcadé et Demolombe, les savants annotateurs de Zachariæ, accordent à la première femme la moitié de la communauté telle qu'elle se comporte au jour du décès du mari, à la condition d'en retrancher les reprises de la seconde femme augmentées d'une part proportionnelle aux apports de celle-ci dans les acquêts faits depuis le second mariage. Quant à la seconde femme sa part sera de moitié dans la communauté telle qu'elle existera au moment de l'annulation ou de la dissolution du mariage, «sous déduction, cependant, des droits de la première femme, fictivement liquidés au jour de la célébration de ce mariage et d'une part proportionnelle à ces droits dans les acquêts faits depuis cette époque[1]. » On évite ainsi que la seconde femme s'enrichisse au préjudice de la première, comme nous l'avons vu plus haut.

Aux yeux de M. Gaudemet, cette opinion, quoique se rapprochant beaucoup plus de la vérité que celle de Marcadé, n'est cependant pas complétement satisfaisante. Deux critiques peuvent lui être adressées : 1° La priorité qu'elle donne à la femme légitime pour faire valoir ses droits sûr la communauté ne laisse plus à l'épouse putative que la faculté d'agir comme associée toutes les fois, que, dans son contrat de mariage la première femme se sera réservée le bénéfice de l'art. 1520 ; 2° elle ne réserve ni à l'une ni à l'autre femme de recours en indemnité contre le mari de mauvaise foi[2].

Afin d'empêcher ces deux conséquences fâcheuses de se produire, M. Gaudemet ne craint pas d'assumer la responsabilité d'un système auquel nous croyons devoir nous rallier et dont voici l'analyse en quelques mots.

Les deux femmes ont des droits identiques, l'une comme femme légitime, l'autre comme putative ; par suite leur situation étant au même degré digne de faveur, l'écueil à éviter est que l'une d'elles s'enrichisse de ce que l'autre a apporté. Pour cela, et en admettant que toutes deux acceptent la communauté, nous fixerons leurs droits respectifs de la façon suivante : La

1. Aubry et Rau, tom. IV, p. 49.
2. M. Gaudemet, *Du mariage putatif*, p. 134 et 135.

première femme aura la moitié de l'actif diminué des reprises de la seconde femme. Celle-ci prendra également la moitié de l'actif sous déduction de l'apport de la femme légitime auquel il faut ajouter la part de bénéfices qui y affère. De telle sorte que, par ce procédé, chaque femme aura tout d'abord retiré du fonds commun une part proportionnelle à sa mise. Mais, dira-t-on, une telle opération, en supposant que l'actif commun soit de 110,000 francs, que la première femme ait fait un apport de 60,000 francs et la seconde un apport de 40,000 francs, n'attribuera, en définitive, que 33,000 francs à l'une et 22,000 francs à l'autre. Auront-elles, tout au moins, un recours subsidiaire contre la succession du mari qui se trouvera composée de 55,000 francs d'actif commun?

Distinguons :

Le mari est-il de mauvaise foi. L'art. 1382 nous autorise alors à penser que les deux femmes ont une action en dommages et intérêts sur ses biens propres pour le préjudice matériel qui leur est causé. — Au cas d'existence d'un contrat de mariage qui attribuerait à l'épouse légitime tout ou partie de la communauté, il va sans dire que l'exécution de cette clause pourra être poursuivie sur les 55,000 francs appartenant au mari. Le second mariage peut aussi avoir été précédé d'un contrat créant au profit de l'épouse putative un avantage du même genre, ce qui donnera naissance à deux droits rivaux et parallèles. Rien n'empêchera cependant ces deux droits de s'exercer concurremment. Il suffit pour cela de permettre aux deux femmes de

concourir au marc le franc sur les 55,000 en question.
On aura ainsi écarté une injustice en maintenant l'é-
galité entre les deux épouses qui, comme nous
l'avons dit, ont les mêmes titres à la protection de
la loi.

Si, par hasard, le mari était de bonne foi et qu'il
n'y eût pas de contrat, on se verrait dans la nécessité
de refuser tout recours à l'une et l'autre femme,
l'action en dommages-intérêts n'ayant plus de fondement et la succession du mari, ayant définitivement
acquis, par suite de l'acceptation de la communauté,
la portion légitime qui lui revient.

Nous ferons remarquer en terminant que chaque
femme a une hypothèque légale pour ses actions en
reprises et en dommages-intérêts, hypothèque qui assure
une préférence à la première sur la seconde s'il se
trouve des immeubles parmi les biens de communauté ou du mari. Que si, au contraire, les biens
du mari ou de communauté sont purement mo-
biliers, nous croyons que les deux femmes doivent
venir, comme créancières ordinaires et au marc le
franc[2].

Les principes que nous venons de poser seraient également applicables dans le cas où le deuxième mariage
serait le mariage valable et le premier le mariage
putatif. Ici c'est l'hypothèque de la femme putative qui

1. M. Gaudemet, *Du mariage putatif*, pages 135 et suiv.
2. Voir en sens contraire un arrêt de cassation du 15 février
1853 et aussi une intéressante dissertation de M. Coin-Delisle
dans la *Revue pratique* de 1855, tom. V. p. 226.

serait préférable comme étant antérieure en date [1]. Bien qu'un peu plus compliqué ce travail de liquidation serait tout aussi facile dans l'hypothèse de plusieurs mariages putatifs successifs.

IV. L'action en dommages-intérêts que nous avons attribuée à la femme commune sur les biens propres du mari ne doit pas être confondue avec le droit incontestable qu'a l'époux de bonne foi, que ce soit l'homme ou la femme, d'invoquer l'article 1382, pour obtenir de l'époux de mauvaise foi réparation du tort que le mariage putatif peut lui avoir fait [2]. L'appréciation de ce dommage ne sera pas toujours commode, surtout en ce qui concerne la femme ; car pour celle-ci, la ruine est irréparable, et quelle que soit la compensation matérielle qu'on lui accorde, rien ne saurait effacer la flétrissure dont elle a été victime. C'est alors que les juges, usant de leur pouvoir d'examen, devront se montrer larges dans l'allocation des dommages-intérêts et ne pas craindre de punir, en le frappant à la bourse, l'auteur de ces manœuvres frauduleuses que la loi pénale n'ose pas toujours atteindre.

1. Sur ce cas de bigamie, consulter un arrêt de la cour de Bordeaux du 15 mai 1852. Aff. Martinez.

2. L'indemnité obtenue par la femme commune pour le préjudice matériel qui résulte pour elle du crime de bigamie est garantie par une hypothèque légale, tandis que la condamnation à des dommages-intérêts à cause des manœuvres frauduleuses employées par l'un des époux pour amener l'autre au mariage, permet simplement au conjoint au profit de qui elle a été prononcée, de prendre, en vertu du jugement, une hypothèque judiciaire (art. 2123.)

V. L'annulation du mariage, avons-nous dit plus haut, laisse subsister entre les deux conjoints de bonne foi l'obligation réciproque de se fournir des aliments. Cette prestation n'est jamais due à l'époux de mauvaise foi, par cette raison, qu'il ne peut réclamer aucun des effet civils de son mariage, et que le devoir des époux édicté par l'article 212 ne s'applique qu'aux *époux* ou à ceux qui peuvent se dire tels. Mais cette dette alimentaire doit-elle être étendue même dans les rapports réciproques de l'époux de bonne ou mauvaise foi avec les parents de son conjoint prétendu ? Nous n'en doutons pas, un seul instant, ayant, pour notre part, admis en principe que l'alliance survivait au jugement déclaratif de nullité.

1. Voir *supra*, page 152.

CHAPITRE IV

EFFETS DU MARIAGE PUTATIF A L'ÉGARD DES *tiers*.

I. A l'égard des tiers, le mariage putatif produit les mêmes effets qu'un mariage valable; l'article 1443 est-il applicable aux époux putatifs? *Quid* de l'article 1456? du droit d'option à l'égard des tiers; — II. Hypothèque légale; — III. Défaut d'autorisation maritale; — IV. Quel est le sort 1° des donations faites aux époux par un tiers dans le contrat de mariage; 2° des donations faites par les époux ou l'un d'eux à des tiers, avant leur mariage et à une époque où ils n'avaient pas d'enfant?

I. Le principe général qui doit dominer la matière que nous allons traiter est que le mariage putatif produit à l'égard des tiers les mêmes effets qu'un mariage valable. De cette première proposition découle naturellement cette seconde règle qu'il appartient toujours aux tiers d'écarter, par l'exception de dol, la prétention de l'époux de mauvaise foi qui ne serait fondée que sur la validité apparente de son union.

Après avoir liquidé les droits des prétendus conjoints dans leurs rapports respectifs, il nous reste donc à liquider ces mêmes droits dans les rapports des époux avec les tiers.

Nous nous demanderons d'abord s'il est prescrit aux époux de porter leur demande à fin de nullité à la connaissance des tiers par le moyen contenu en l'article 1445. Nous avons déjà eu l'occasion de parler de cet article quand nous avons recherché l'époque à laquelle il fallait faire remonter les effets du jugement d'annulation [1]. On se rappelle, qu'à ce propos, nous avons professé le sentiment que ce jugement ne devait pas produire d'effet rétroactif au jour de la demande. Conséquemment il est inutile de rendre cette demande publique, mais nous croyons indispensable d'appliquer au jugement les dispositions spéciales de l'article 872 du code de procédure civile. Il est nécessaire en effet que tout le monde sache qu'à partir de ce moment la femme a repris l'administration de ses biens et que, si elle vient à les aliéner, le mari n'est plus responsable du défaut d'emploi.

Nous n'admettrions pas davantage qu'on opposât à la femme putative le défaut d'inventaire dans les trois mois (article 1456) pour la priver de la faculté de renoncer; sa position est tout à fait différente de celle d'une veuve; elle n'est pas en possession des biens et, par suite, on ne saisit pas la raison qui l'obligerait à se conformer aux prescriptions d'une disposition législative qui n'a point prévu son cas. Il serait plus naturel et plus équitable en même temps, de la placer sur la même ligne que l'épouse divorcée ou séparée de corps, et de dire, que si, dans les trois mois et quarante jours après le jugement déclaratif de nullité elle n'a pas accepté la communauté, elle sera censée y avoir renoncé (article 1463).

Permettrons-nous aussi à la femme putative d'user, vis-à-vis des tiers, du droit d'option que nous lui avons

[1]. Voir *supra*, p. 171.

concédé à l'égard de son mari ? En un mot pourrait-elle modifier la situation des créanciers de la communauté en invoquant pour elle les clauses de son contrat de mariage ou en les répudiant, à son choix ? Un semblable privilége serait trop opposé à l'esprit de la loi pour que nous le lui accordions Qu'elle ait, à l'encontre de son mari de mauvaise foi, une position exceptionnellement avantageuse: soit. Mais-il serait souverainement injuste de lui sacrifier l'intérêt de personnes qui, comme elle, sont de bonne foi et auxquelles il n'y a à reprocher ni dol ni fraude. D'après nous donc, lors même que la femme aurait opté dans les rapports avec son mari pour une société de fait, des tiers pourraient toujours demander que la liquidation ait lieu à leur égard, selon les règles de la communauté légale ou du contrat s'il y en a un, et se prévaloir de la validité des actes passés par le mari, comme administrateur dans la limite de ses pouvoirs (articles 1421, 1422 et 1428).

II. Tous les auteurs accordent, et avec raison, une hypothèque légale à la femme de bonne foi sur les immeubles de son mari [1] (art. 2121). Tant que dure le mariage cette hypothèque est dispensée d'inscription (art. 2135). Mais nous pensons que, conformément à l'art. 8 de la loi du 23 mars 1855, elle doit être inscrite dans l'année qui suit le jugement déclaratif de nullité

---

1. Zachariæ, tom. III, p. 248; — Valette, sur Proudhon, tom. II, p. 3, note a; — Demol., Mariage, tom. I, n° 379. — Cette hypothèque, d'ailleurs, est soumise à la restriction des art. 563 et 564 du code de commerce.

sous peine de perdre son rang. Il est vrai que l'art. 3 de ladite loi n'impose qu'à la *veuve* seulement l'obligation de faire inscrire. Néanmoins il est évident que le législateur n'a statué que sur le *plerumque fit*, et que ce n'est pas dépasser son but, mais rester dans son esprit, que d'étendre sa volonté au cas qui nous occupe.

III. Le rapprochement de l'art. 225 avec les art. 201 et 202 peut faire naître cette question : Est-ce que le défaut d'autorisation maritale est opposable aux tiers avec lesquels la femme a contracté durant le mariage putatif? Incontestablement si les deux époux ont été de bonne foi; et, sans contredit non plus, par la femme seule, si son mari est de mauvaise foi, car, en ce qui la regarde, le mariage produit tous ses effets civils. A l'inverse, c'est-à-dire si elle est de mauvaise foi, le défaut d'autorisation ne peut plus être invoqué par elle[1].

IV. Nous n'avons plus maintenant, et ce sera par là que nous terminerons notre travail, qu'à donner notre avis sur quelques difficultés assez graves auxquelles donnent lieu les hypothèses que voici.

1re hypothèse : — Les donations faites par des tiers aux époux ou à l'un d'eux par contrat de mariage, deviennent-elles caduques par la nullité du mariage?

La question n'est pas embarrassante si l'époux donataire est de bonne foi. La libéralité qu'il a reçue doit être maintenue comme si son mariage eût été véritablement valable, puisque pour lui il est réputé tel. Nos

---

1. Demolombe, *Mariage*, tom. I, n° 380.

art. 201 et 202 enlèvent ici toute portée effective à l'art. 1088.

Mais la difficulté se complique singulièrement si nous supposons que la donation ait été faite à l'époux de mauvaise foi. Dans ce dernier cas, les auteurs font une distinction. Suivant M. Demolombe, il faudrait maintenir la donation de *biens à venir* dans l'intérêt des enfants, parce que c'est en faveur de ceux-ci surtout que cette sorte de libéralité, qui renferme toujours implicitement une substitution vulgaire, semble être faite [1]. Duranton va même jusqu'à accorder à ces enfants le droit de recueillir le bénéfice de la donation même du vivant du donataire, celui-ci devant être, en raison de sa mauvaise foi, exclu comme indigne ou comme incapable [2].

Reste à savoir, si l'époux de mauvaise foi, donataire de *biens présents*, conservera comme le donataire de biens à venir le bénéfice de la donation. Nous convenons que le parti à prendre n'est pas sans danger et que les motifs d'hésitation sont puissants. Car d'une part, en maintenant la libéralité, on avantage un conjoint qui ne mérite aucune faveur et, en réalité, on le fait profiter des effets civils d'un mariage nul à son égard; mais, d'autre part, on enlève aux enfants un bien sur lequel ils pouvaient à bon droit compter, qui eût servi

---

1. Demolombe, *Mariage*, tom. I, n° 382.

2. Duranton, tom. IX, n° 702; — Sous l'ancien droit, les enfants putatifs étaient habiles à recueillir les substitutions aussi bien que les successions *ab intestat.* (*Nouveau Denizart*, tom. III, V, *Bonne foi*, § I, n° 6, 7.)

à leur éducation, à leur entretien, à leur nourriture; on frappe injustement ceux qui sont légitimes! Il fallait donc choisir entre ces deux extrêmes. C'est la seconde considération qui a prévalu; c'est elle aussi qui nous décide à respecter la libéralité de biens présents comme nous avons respecté l'institution contractuelle (1082).

En regardant les choses de près, est-il bien certain que la loi ait créé une différence si profonde entre ces deux sortes de donations? N'est-il pas probable, au contraire, que, dans l'intention du législateur, toutes les libéralités faites par des tiers aux futurs époux, sont réputées faites *au mariage* et aux enfants qui en naîtront? La preuve de cette intention présumée ne se révèle-t-elle pas, et dans l'art. 1087 qui dispense les donations, indistinctement de l'acceptation expresse, et dans l'art. 959 qui les met à l'abri d'une révocation pour cause d'ingratitude, et enfin dans l'art. 1088 qui en subordonne la validité à l'événement même du mariage? Qu'on ne vienne pas nous objecter que c'est à dessein que l'art. 1081 n'a pas reproduit cette partie du texte de l'art. 1082: « présumée faite au profit des enfants et descendants à naître du mariage. » Cette répétition n'était pas nécessaire, puisque la donation de biens présents est actuelle et irrévocable et qu'il est à supposer que les enfants trouveront, plus tard, dans la succession de leurs parents, les objets qui la composent. Pour l'institution contractuelle, au contraire, tacitement subordonnée à la condition de survie du donataire, il fallait bien affirmer le droit des enfants, car sans cela, en cas de prédécès de leurs auteurs, les biens donnés eussent fait retour au gratifiant. Telles sont, en somme, les raisons qui peuvent être invoquées à l'appui du système que nous avons accepté et qui ne semble point, du reste, rencontrer beaucoup de contradicteurs [1].

2me hypothèse. — La donation faite à un tiers par l'un des époux avant son mariage et à une époque où il n'avait pas d'enfant, est-elle révoquée par la survenance d'un enfant dans le mariage putatif (art. 960) [2] ?

Oui, répondrons-nous, si l'époux donateur est l'époux de bonne foi ; car la révocation est une des conséquences légales de son union et il doit en profiter.

Non, dit-on, si la donation émane de l'époux de mauvaise foi. Les partisans de ce système, le plus en crédit, du reste, il faut en convenir, s'appuient d'abord sur notre ancien droit, sur Pothier notamment qui a consacré cette doctrine en termes formels [3]. Leur second argument est tiré de l'art. 961 lui-même. Cet article, prétend-on, « a pour base non pas la faveur qu'inspire la famille, mais une présomption légale que le donateur s'était dépouillé, dans la croyance qu'il n'aurait pas d'enfant [4]. » Donc, l'acte implique une clause de résolution conditionnelle, résolution qui, si elle s'opère, ne s'opérera qu'au profit du donateur. Or, comme, dans l'espèce, ce donateur est de mauvaise foi, l'effet civil de

1. Aubry et Rau, tom. IV, p. 18 ; — Dalloz, tom. XXXI, J. G., n° 601 ; — Demol., Mariage, n° 382 ; — Contra Demante, tom. I, 282 bis, XI.

2. Ce sont les termes dans lesquels M. Demolombe pose la question Mariage, tom. I, n° 382.

3. Introduction au titre XV de la coutume d'Orléans, n° 106.

4. M. Gaudemet, Du Mariage putatif et de ses effets, p. 131.

la révocation dont il s'agit ne saurait être réclamé par lui. En vain opposerait-on l'intérêt des enfants et de l'autre conjoint de bonne foi auquel une semblable rigueur pourrait préjudicier. Cet intérêt est bien peu sérieux puisqu'il ne repose que sur une simple expectative que le parent de mauvaise foi peut aisément faire évanouir en dissipant les biens qui sont rentrés dans son patrimoine [1].

MM. Delvincourt et Duranton ont présenté un système mixte qu'on s'accorde à repousser comme tendant à accorder aux enfants issus d'une union putative plus de droits que n'en auraient les enfants nés d'un mariage légitime. Le premier voudrait que la révocation eût lieu mais au profit des enfants seulement, à qui les biens seraient immédiatement adjugés bien que leur père fût vivant [2]. Le second serait d'avis de réserver à ces enfants leurs droits sur ces biens pour les exercer après la mort de leur père en acceptant sa succession [3].

Nous ne saurions adopter aucune de ces différentes solutions. Suivant nous, la révocation pour survenance d'enfant a toujours lieu, encore bien que l'époux donateur soit de mauvaise foi. Sans nous arrêter aux combinaisons arbitraires de MM. Delvincourt et Duranton, nous allons essayer de répondre au premier système qui nous a semblé donner à l'art. 960 une interprétation contraire à la vérité. La proposition fondamentale sur

---

1. Demol., *loc. cit.* — Marcadé, n° 631; — Troplong, n° 1382.
2. Delvincourt, tom. II, p. 77, note 1.
3. Duranton, tom. VIII, n° 586.

laquelle repose ce système, à savoir : que l'action en révocation est introduite exclusivement dans l'intérêt direct du donateur, n'est pas d'une exactitude rigoureuse. Nous avons trouvé, en effet, qu'un arrêt de la haute cour avait décidé que cette révocation était plus spécialement établie dans l'intérêt des enfants [1] et que c'est aussi en ce sens que l'avaient comprise Portalis et Malleville dans leurs discours au conseil d'Etat et Bigot-Préameneu dans l'exposé des motifs. C'est bien vrai, que l'enfant, du vivant du père, n'a pas le droit de la demander ; mais qu'on ne dise pas qu'une fois demandée et obtenue elle ne profitera qu'au conjoint de mauvaise foi. Elle profitera aux enfants par la même raison que le maintien de la donation faite par un tiers à l'époux de mauvaise foi leur profite ; « parce que ces enfants, (c'est vous qui le dites), pourront trouver un jour les biens dans la succession de leur auteur, parce que, dès à présent, cet auteur, quoique de mauvaise foi, n'en a pas moins sans doute le devoir de les nourrir et de les élever, et que les biens à lui donnés s'il les conserve, ou *par lui donnés, s'il les recouvre* lui serviront à remplir cette obligation [2]. » Mais c'est une espérance bien fragile, continue-t-on, une espérance que la prodigalité du père peut faire disparaître d'un moment à l'autre. Est-elle plus fragile que l'espérance qui naît pour les enfants du maintien de la donation de biens présents faite par un tiers ? C'est bien, dans les deux cas, ce même individu de mauvaise foi qui reste en possession, qui de-

1. Req. 6 novembre 1832, *aff*. Aron.
2. Demol. *Mariage*, tom. I, n° 482, 7° alinéa.

meure maître unique et absolu de ce qui lui est rendu.
Si c'est là votre crainte et ce qui vous arrête, vos scru-
pules ne doivent pas être moins grands dans le premier
cas que dans le second. Et puis enfin, est-ce que le
texte même de la loi, l'art. 960 n'est pas la consécration
de notre système? « Toutes donations entre vifs, y est-
il écrit, faites par personnes, etc...... demeureront ré-
voquées de plein droit *par la survenance d'un enfant
légitime du donateur.* » D'un enfant légitime!... Mais
certes, l'enfant issu du mariage putatif est légitime, tout
aussi légitime que s'il était né d'un mariage valable,
dès lors il y a survenance d'enfant légitime, et ainsi la
condition résolutoire inhérente à la donation se trouve
accomplie. — Sans doute, nous objecte-t-on, encore,
l'enfant peut se dire, lui légitime, et l'on ne peut nier
qu'il existe un lien légitime en remontant de cet enfant
au père. Mais le père, ne pouvant invoquer aucun des
effets civils du mariage, il n'y a plus, en descendant de
ce père à l'enfant, de légitimité [1]. — Nous répondons :
Dans la première hypothèse. celle d'une donation de
biens présents faite par un tiers à l'époux de mauvaise
foi, il se produit aussi ce résultat bizarre, que celui-ci
profite d'un des effets civils de son union. Pourquoi?
Parce que, comme ici, c'est le sort des enfants qui pré-
occupe avant tout le législateur. Il est à supposer que
l'époux, quoique de mauvaise foi, aura pour ses enfants
cet attachement et cette tendre affection que tout être
humain garde au fond du cœur pour celui à qui il a

[1]. Dalloz, J. G. *Disp. entre. vifs et test.* tom. XVI°, 1re partie,
n° 1906.

donné la vie, et qu'alors, ces biens que nous faisons rentrer en ses mains serviront à pourvoir aux besoins et à l'avenir de ses descendants. Au fond, ce n'est pas à son profit que se réalisera l'effet civil de cette révocation, mais bien au profit de ceux qui peuvent invoquer la validité du mariage [1].

L'art. 960 peut encore soulever la question suivante : La présence d'un enfant né du mariage putatif empêche-t-elle la révocation pour cause de survenance d'enfants? Oui, dans tous les cas et indépendamment de la bonne ou mauvaise foi du donateur. Le tiers donataire, en effet, serait toujours fondé à prétendre que l'enfant né du mariage putatif est légitime, et que son existence au moment de la donation, a suffi pour le protéger *in futurum* contre toute action révocatoire.

1. En ce sens: Guilhon, n° 779, et Vazeille, n° 9; — *Conf.* Furgole, question 16, n° 10 et suiv.

TABLE DES MATIÈRES

DROIT ROMAIN

Page

INTRODUCTION..................................... 1

CHAPITRE I

I. Le mariage sacré chez les anciens Romains. — II. Le mariage plébéien; loi *Canuléia*. — III. Les noces: définition; le *justum matrimonium*. — IV. Les unions irrégulières à Rome; de la décadence du mariage légitime; le concubinat; le mariage du droit des gens; le *contubernium* 3

CHAPITRE II

I. Les fiançailles. — II. A quelles conditions les justes noces se formaient. — III. Puberté. — IV. Consentement; consentement des futurs époux; consentement des ascendants. — V. *Connubium*; empêchements résultant de la parenté ou de l'alliance; empêchements purement politiques 13

APPENDICE...................................... 39

CHAPITRE III

I. Des effets des justes noces. — II. Puissance paternelle. — III. Puissance maritale. — Manus. — IV. Des droits et des devoirs respectifs des époux. — Adultère.......... 17

CHAPITRE IV

I. Des mariages nuls. — II. Des effets de la bonne foi en matière de mariage. — Erroris causæ probatis. — III. Dissolution des justes noces. — Divorce..., ... 76

DROIT FRANÇAIS

INTRODUCTION....................................... 105

DU MARIAGE PUTATIF

Historique. — I. Droit romain. — II. — Comment la théorie du mariage putatif passa dans notre ancien droit; droit canonique; décretales. — III. Pays de droit écrit, pays de droit coutumier............................... 107

CODE NAPOLÉON 113

CHAPITRE I

I. Définition du mariage putatif : de la bonne foi et de l'erreur. — II. Qui doit faire la preuve de la bonne foi. — III. A qui est opposable et par qui peut être invoqué le jugement qui l'a reconnue. — Mariages nuls; mariages annulables..... 117

CHAPITRE II

EFFETS DU MARIAGE PUTATIF A L'ÉGARD DES ENFANTS

SECTION I

Effets à l'égard de la personne des enfants.

I. Quels sont les enfants appelés à profiter du mariage putatif de leurs auteurs; ces enfants sont légitimes ou légitimes; conséquences; cette légitimité leur profite et peut
aussi être invoquée contre eux par toute personne. —
II. Du vivant des deux époux, les enfants ne sont pas en
tutelle, et l'époux de bonne foi n'a pas le droit de déférer la tutelle testamentaire; la puissance paternelle n'appartient pas nécessairement à l'époux de bonne foi; pour
se marier l'enfant a toujours besoin du consentement de
son père, ce dernier fût-il même de mauvaise foi; droit
de garde; usufruit légal............................... 131

SECTION II

Effets à l'égard des enfants en ce qui concerne les biens.

I. Les enfants putatifs succèdent, comme les enfants légitimes, à leurs père et mère et autres parents. — II. A défaut de descendants légitimes, ils transmettent leurs propres biens à leurs parents de bonne foi. — III. Ils doivent
des aliments et ont droit d'en exiger..... 143

CHAPITRE III

EFFETS DU MARIAGE PUTATIF A L'ÉGARD DES ÉPOUX

SECTION I

Effets en ce qui concerne la personne des époux.

I. La déclaration de nullité éteint, pour l'avenir, les obligations qui naissent du mariage et affranchit les époux des
devoirs réciproques qui leur étaient imposés: *assistance,*

fidélité et cohabitation. — II. La femme garde la nationalité qu'elle avait acquise par son mariage, l'émancipation et *l'alliance* survivent. — III. L'art. 334 du Code pénal est-il applicable aux époux putatifs? — IV. *Interdiction; réduité* 131

SECTION II

Effets à l'égard des biens des prétendus époux.

I. L'époux de bonne foi peut à son gré, pour le règlement de ses intérêts pécuniaires, réclamer ou répudier les effets civils de son mariage. — II. L'époux putatif perd la vocation héréditaire de l'art. 767. — III. Comment se fait l'attribution des avantages matrimoniaux et comment s'effectue le partage de la communauté. — IV. L'époux de bonne foi a-t-il une action en dommages et intérêts contre l'épouse de mauvaise foi? — V. Dette alimentaire. 166

CHAPITRE IV

EFFETS DU MARIAGE PUTATIF A L'ÉGARD DES TIERS

I. A l'égard des tiers, le mariage putatif produit les mêmes effets qu'un mariage valable; l'article 1443 est-il applicable aux époux putatifs? *Quid* de l'article 1456? du droit d'option à l'égard des tiers. — II. Hypothèque légale. — III. Défaut d'autorisation maritale. — IV. Quel est le sort 1° des donations faites aux époux par un tiers dans le contrat de mariage; 2° des donations faites par les époux ou l'un d'eux à des tiers, avant leur mariage et à une époque où ils n'avaient pas d'enfant?.................... 184

POSITIONS

DROIT ROMAIN

I. — La loi *Canuléia* abrogea formellement la disposition législative contenue dans les douze tables qui interdisait le mariage entre Patriciens et Plébéiens.

II. — Le consentement du *paterfamilias* pouvait n'être que tacite aussi bien pour le *fils* que pour la *fille.*

III. — La règle *nuptias non concubitus sed consensus facit,* ne doit pas s'interpréter dans le sens que le mariage se forme par le *seul consentement.*

IV. — Il pouvait arriver que le mari n'eût aucune action pour faire réintégrer à sa femme le domicile conjugal. *

V. — Le mariage contracté par un sénateur au mépris des *præcepta legum caducarum,* était radicalement nul.

VI. — Ce n'était qu'à titre exceptionnel et par pure faveur qu'un pérégrin pouvait être admis à bénéficier de l'*erroris causæ probatio*.

VII. — Jusqu'au règne d'Antonin le Pieux, le père de famille pouvait à son gré dissoudre le mariage de ses enfants.

DROIT FRANÇAIS

CODE CIVIL

I. — L'erreur de *droit* ne fait pas obstacle à la bonne foi.

II. — La règle *error potiusquam dolus*, s'applique tout aussi bien à l'erreur de *droit* qu'à l'erreur de *fait*.

III. — Les mariages *nuls* comme les mariages *annulables* peuvent être déclarés putatifs.

IV. — Les enfants naturels simples sont légitimés par le mariage putatif de leurs auteurs.

V. — Le père même de mauvaise foi conserve sur ses enfants la puissance paternelle avec ses attributs, sauf cependant le droit de jouissance légale et le droit de garde qui peuvent lui être enlevés dans certains cas.

VI. Le droit de successibilité existe entre les parents de l'époux mort civilement à l'époque de la célébration du mariage et les enfants issus de ce mariage.

VII. — Les enfants putatifs sont tenus de la dette alimentaire même vis-à-vis de leur auteur de mauvaise foi.

VIII. — La femme inculpée d'adultère peut toujours arrêter les poursuites correctionnelles en opposant l'invalidité de son mariage.

IX. L'époux putatif perd la vocation héréditaire de l'article 767.

X. — L'article 1115 du code civil n'est pas applicable aux demandes en nullité de mariage.

XI. — Lors même que la femme putative aurait, pour le règlement de ses intérêts pécuniaires et dans ses rapports avec son mari, opté pour une société de fait, les *tiers* pourront toujours demander que la liquidation ait lieu à leur égard, selon les règles de la communauté légale ou d'après la clause du contrat de mariage s'il y en a eu un.

XII. — Les donations (qu'elles soient de *biens présents* ou de *biens à venir*) faites par des tiers aux époux par contrat de mariage, sont maintenues et échappent à l'application de l'art. 1088.

14

XIII. — La révocation pour survenance d'enfant, conformément à l'art. 960 a toujours lieu quoique le mariage n'ait été que putatif et encore bien que l'époux donateur soit de mauvaise foi.

CODE DE PROCÉDURE CIVILE

I. — L'étranger assigné en France par un autre étranger ne peut pas opposer l'exception *judicatum solvi.*

II. — La dénonciation de nouvel œuvre n'existe plus dans notre droit français actuel.

CODE PÉNAL

I. — Bien que les époux aient été condamnés par la cour d'assises pour crime de bigamie, ils pourraient encore, devant la juridiction civile, établir qu'ils étaient de bonne foi à l'époque de leur mariage.

II. — Les deux alinéas de l'article 324 ne s'appliquent jamais aux époux putatifs.

En conséquence :

1° L'époux supposé pourra toujours se prévaloir de la nullité de son mariage pour être admis au bénéfice de l'article 321 du code pénal.

2° Il sera toujours privé au contraire de l'excuse visée par le 2ᵐᵉ alinéa de l'article 324.

3° Le jugement d'annulation fait tomber la plainte

d'adultère antérieurement déposée par le mari contre sa femme.

DROIT PUBLIC ET ADMINISTRATIF

Le pouvoir judiciaire forme un troisième pouvoir dans l'état.

Vu :

Pour le Doyen Sénateur,

Le plus ancien professeur délégué,
Président de la Thèse,

VILLEQUEZ.

PERMIS D'IMPRIMER :

Le Recteur,

J. VIEILLE.

IMPRIMERIE RÉSÉDÉE DE CHASSIGNOL-SAINT-ANDRÉ — IMPRIMÉ RÉSÉDÉ

IMPRIMERIE GÉNÉRALE DE CHATILLON-SUR-SEINE, JEANNE ROBERT.

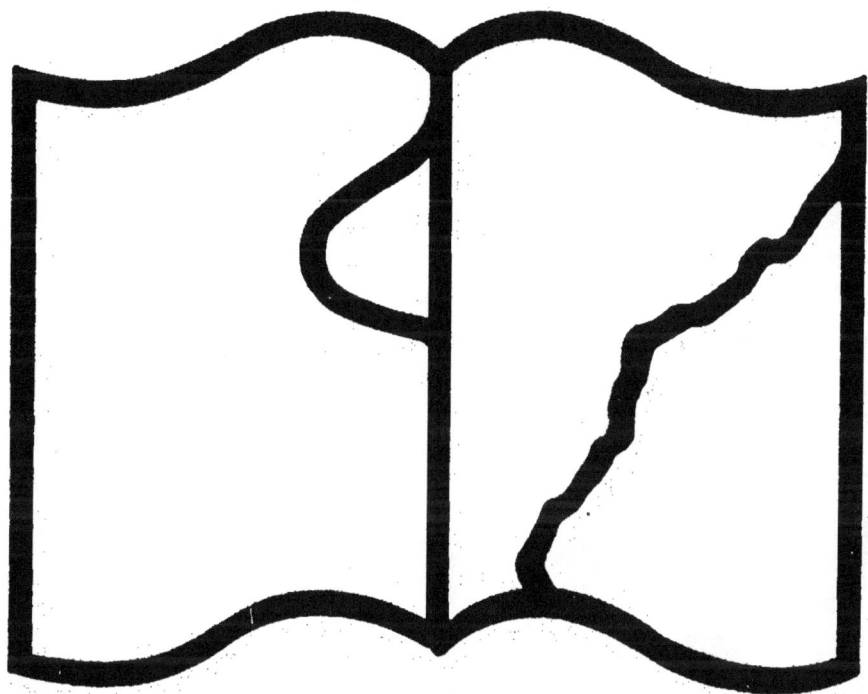

Texte détérioré — reliure défectueuse

NF Z 43-120-11

www.ingramcontent.com/pod-product-compliance
Lightning Source LLC
Chambersburg PA
CBHW070544200326
41519CB00013B/3113